Karsten Bredemeier **Schwarze Rhetorik**

Karsten Bredemeier

Schwarze Rhetorik

Macht und Magie der Sprache

orell füssli Verlag AG

2. Auflage 2003

Umschlagabbildung: gettyimages (Jürgen Reisch)
Umschlaggestaltung: cosmic Werbeagentur, Bern
Druck: fgb · freiburger graphische betriebe, Freiburg i. Brsg.
Printed in Germany
ISBN 3-280-05019-7

Die Deutsche Bibliothek – CIP-Einheitsaufnahme

Bredemeier, Karsten:
Schwarze Rhetorik : Macht und Magie der Sprache / Karsten Bredemeier. –
Zürich : Orell Füssli, 2002
ISBN 3-280-05019-7

Widmung

Für meine Tochter Anik (6) und meinen Sohn Josh (4)

Liebe Anik, lieber Josh,

von euch beiden habe ich viel gelernt und genieße die Kommunikation zwischen uns.

Zeigst du doch, Anik, dass Schlagfertigkeit und präzise Kommunikation keine Frage des Alters, sondern des Geistes ist.

Es ist ein Wahnsinn, wie schnell du kommunikative Muster aufnimmst und konsequent Sprache anwendest. Toll.

Du, Josh, bist der beste Beweis dafür, dass ihr Kinder die kommunikativen Höflichkeitsfloskeln von uns Erwachsenen brecht. Das Gegenteil von «nett» ist nicht «frech», sondern «entschieden», «konsequent».

Schließlich bist du der beste Beweis dafür, dass Vierjährige von Fragen weniger halten als von Appellen.

Beispielsweise: «Los, hol schon einmal die Schnur, Anik, hilf Papa dabei!»

Danke für alles.

Für alles das, was ohne dich, liebe Kerstin, nicht möglich wäre, bist du als Mutter Sparringspartner und der bessere Seelentröster zugleich.

«Papa» Karsten

Inhalt

I. Schwarze Rhetorik

In «USA Today» war am 24. Januar 2002 unter der Überschrift «Silicon Valley CEOs don't pull verbal punches» nachzulesen, dass die Unternehmen Sun und Oracle gegen Bill Gates Microsoft und natürlich Gates umgekehrt jede Menge verbaler Tiefschläge platzierten.

Im schwebenden Rechtsverfahren lästerte Larry Ellison, der CEO von Oracle: «Wir mögen Microsoft nicht besonders. Aber wir verlassen uns nicht auf die Hilfe des Staates!»

Ein Streit, der an die Zeit erinnert, wo der Medienmogul Ted Turner seinen Kontrahenten Rupert Murdoch mit Hitler verglich. Und das gleich zweimal. Einmal sogar unter Eid.

Doch heftiger und mit gnadenloser verbaler Brutalität schwelt der Streit unter den Vorständen der technischen Industrie. Und so resümiert «USA Today», es sei eine große öffentliche Geschmacklosigkeit, was dort passiere. Anders jedoch sehen es viele Mitarbeiter in Europa. Sie jubeln und klatschen bei den verbalen Breitseiten, sehen sich in Vorurteilen bestätigt und werten es, wie auch viele Mitmenschen in der Bevölkerung, als die schwarze Seite des Wirtschaftskrieges – als legitime und legitimierte Schwarze Rhetorik in einem zunehmend mit allen Mitteln umkämpften Marktsegment, das neu aufgeteilt wird, oder einer Branche, deren Verkaufszahlen momentan stagnieren oder sogar wegbrechen.

Die Eskalationsstufen in diesem verbalen Wirtschaftskrieg weisen verschiedene Elemente auf.

So benannte der CEO der Bank of America seinen Wettbewerber, den CEO der Citibank Group, als «Butthead», die Übersetzung gibt verschiedene Möglichkeiten her, ich verkneife mir alle.

Die Zeit ist vorbei, als Professor Gerald Meyers, früherer CEO bei American Motors, noch feststellen konnte: «Die Animositäten trifft man überall an, aber sie halten keinen Einzug in den Medien. Man spricht über sie in den Countryclubs beim Martini.»

Rosabeth Moss Kanter, Bestsellerautorin und gefragte Beraterin, attestiert hingegen der IT-Branche im Silicon Valley: «Es ist eine infantile Industrie, und so muss diese infantile Verhaltensweise ebenfalls toleriert werden», ansonsten werde sich der Ärger hinter Höflichkeitsmasken verstecken – was in niemandes Interesse wäre.

«Warum nicht lästern?», fragt man sich in den Chefetagen diverser Unternehmen. Attackiert man einen Feind in seinem Ressort und angestammten Geschäftsfeld, dann hat es doch den Vorteil, sich mit Lästereien über den Wettbewerber in die Medien zu schießen und öffentliches Interesse sowie eine gewisse Aufmerksamkeit zu genießen. Andererseits gibt es einen zusätzlichen Sprengstoff für den Business-Smalltalk.

In den USA lassen sich drei Kategorien, so konstatierte «USA Today», ausmachen:

1. *Die Schock-Attacke*

   Eingeleitet und kulminiert durch die Aussagen von Ted Turner über Rupert Murdoch: «Like the late Führer, he controls the media for his ownpersonal benefit!» Das schwächte er dann jedoch etwas ab, indem er kommentierte, er hielte ihn für eine Schande des Journalismus, eine australische Schande des Journalismus («disgrace»). Murdoch schwieg, seine Medien hinterfragten jedoch die Aussagen als Ausdruck «des Einflusses der Medikamentation zur manischen Depression» («New York Post»).

2. *Zerschlagung einer Ziegelsteinmauer oder: Wie erwische ich das nächste Fettnäpfchen*

   Als es um die Vormachtstellung auf dem amerikanischen Telefonmarkt ging, da titulierte McGowan von MCI die Produkte von AT&T als «sleazy» und fügte dann hinzu, damit könne man sich keineswegs in den Markt hacken. Später setzte er noch einen drauf: «Wir schauen uns genau an, was AT&T macht, und machen dann das genaue Gegenteil.» McGowan trieb dieses Spielchen fort, bis die Regierung die unternehmerische Konstruktion von AT&T zerschlug.

3. *Unternehmensfehden*
   Die Unternehmensfehden zwischen Coca-Cola und Pepsi, Burger King und McDonald's, aber auch zwischen Ford und General Motors sind legendär. Pepsi schockte seinen Wettbewerber Coca-Cola durch den «Pepsi Challenge Test», der bewies, dass die Mehrheit der Cola-Genießer geschmacklich Pepsi präferiert – ein werbemäßiger Knaller, der an seinem Kulminationspunkt durch den CEO von Pepsi, Roger Enrico, scharf mit den Worten kommentiert wurde: «Wir genießen den Cola-Krieg. Wir wissen, dass er dem Geschäft gut tut – und zwar allen Softgetränke-Marken!»

Seitdem sind die verbalen Heckenschützen zu publizitätsbewussten Scharfschützen konvertiert und genießen in vollen Zügen ihre Witze – auf Kosten anderer.

Dabei untermauern sie ihre Marketingaktivitäten mit verbalem Sperrfeuer und zeigen mit den verbalen Breitseiten ein anderes «Going public» auf, das beim Konsumenten ebenfalls ein Urteil abruft, ein Vorurteil bestätigt oder zur eigenen Positionierung einlädt.

Die Feindschaft zwischen den CEOs McNealy und Ellison und dem Unternehmer Gates verbindet die persönliche Attacke (1) mit Fettnäpfchen (2) und Unternehmensfehden (3) – sie erreicht damit eine neue Dimension der Auseinandersetzung, da die drei Kategorien verbunden werden und die einzelne Sprengkraft sich potenziert.

«USA Today» nennt McNealy den Clown, der mit seinen Witzen und

Jokes, dazwischen jede Menge abfällige Kritik an Microsoft, das Publikum amüsiert und seine eigenen PR-Leute zum Kochen oder zur Verzweiflung bringt.

So nimmt er in Interviews viele Vorlagen auf, um sie verbal im Netz von Microsoft zu versenken. Erst kürzlich lästerte er, dass «Bozo, der Clown, Microsoft effektiver managen könnte» als Gates und seine Leute.

Anfangs war noch das Mikrofon ausgeschaltet, aber McNealy wiederholte es wortwörtlich und ließ es bewusst aufzeichnen. Eine verbale Breitseite mit totaler Publicity – es war überall zu lesen. Und McNealy triumphierte. Und er ergänzte: «Bozo, der Clown, kann ein Monopoly-Spiel erfolgreich spielen. Es braucht aber null, null Managertalent, Monopoly zu spielen.»

Wer nannte Gates' CEO Steven Ballmer «Ballmer and Butthead»? McNealy.

Wer verballhornte Windows C.E. zu «wince»? McNealy.

Wer transformierte «Outlook» zu «Look out»? McNealy.

Er «ohrfeigt» Microsoft in dem Bewusstsein, «seine Kinder nicht in einer Microsoft-Welt» zurücklassen zu wollen.

Und er ist überzeugt, dass die Microsoft-Initiative «Hailstorm» «might be the most appropriately named technology initiative in history. It's like millions of ice cubes raining down on you at escape velocity, and there's nowhere to run and nowhere to hide, and it wrecks everything» – eine Million von Eisblöcken, die jeden und alles erschlagen, denen man nirgendwo ausweichen kann.

Larry Ellison von Oracle nutzt die Showeffekte, Microsoft von der Bildfläche zu wischen. So präsentierte er vor tausend Vertretern der Internetwelt bei einer Veranstaltung ein getürktes Mail von Bill Gates: «I love you, Larry.» Um dann hysterisch zu werden: «Ein Virus, ein Virus!»

Ellison benannte Microsoft die «Mister-Zerbrechlich-Company», er attestierte einen tiefgründigen Hass.

In allen Fällen handelt es sich um Schwarze Rhetorik, die Instrumentalisierung der Rede mit verbalen Tretminen und gewürzt mit Worten, die in ihrer Wirkung Arsen gleichen oder gleichen sollen, die aber zugleich auch Meinungsverschiedenheiten oder Positionierungen nicht einfach auf der Produktseite belässt, sondern die Öffentlichkeit sucht.

Da Sie sich beim Lesen dieses Buches zur Schwarzen Rhetorik, aber auch in der Anwendung oder Abwehr der beschriebenen Techniken und Instrumente professionell mit den unerschöpflichen Möglichkeiten der Sprache und der Präzision einzelner Worte sowie der Effizienz und Effektivität unterschiedlicher Argumentationsstränge beschäftigen, gilt es, folgende Punkte zu resümieren:

- Unsere Sprache löst Handlungen aus, durch Appelle oder Aufforderungen; ihr vordergründiges Motiv ist eine handlungsauslösende oder -fordernde Funktion.
- Mit unserer Sprache steuern wir konsequent unser Handeln, nicht durch perspektivische Zielstrategien schlechthin, sondern sogar durch utopische Ideenverkündigung, permanent jedoch durch Bewertungen, Werturteile oder durch zielgerichtete Manipulation oder effektive Motivation, sprich: *Motipulationen.*
- Unsere Sprache ist ein Handlungsersatz: Wir fassen gute Vorsätze zu Silvester und vergessen sie spätestens an Ostern, wir entwickeln leichtsinnig Utopien und scheitern mit unseren Utopien in der Umsetzung – nicht nur am neuen Markt, wenn den Worten Taten folgen müssen.
- Doch unsere Sprache legitimiert auch unser Handeln, indem wir unsere «innere Stimme, die uns sagt, was wir zu tun oder lassen haben», (Hannah Arendt) sogar lautstark in der Öffentlichkeit sprechen lassen, als reines Gewissen.
- Sprache beschreibt auch unser Handeln, wir erzählen die Historie nach oder begründen das eigene Unterlassen oder Tun durch unsere Worte.
- Letztlich aber ist unsere Sprache Handeln: Jedes verbale Mobbing,

jede verleumdnerische Lüge oder Jedes Falschzeugnis wie auch jede einzelne beleidigende Äußerung unterstreicht die Kriminalität von Taten, die durch Worte geschehen.

Unsere Sprache ist nach dem Küssen das einfachste und zugleich erregendste Kommunikationsinstrument, das wir Menschen besitzen – und doch, die meisten Anwender benutzen es wie ein schwerfälliges Schwert, anstatt es wie einen Degen, fein geschliffen und subtil in der Wirkung, gnadenlos in der Effizienz und betörend wie einen Zauber, sanft schwingend mit leichter Hand zu führen.

Was ist was? – Definitionen

Vorab noch im prägnanten Überblick eine notwendige Klassifizierung der Anwendungsgebiete, in denen wir uns die Wirkung unserer Sprache und der sprachlichen Akte erschließen.

Rhetorik

Rhetorik bezeichnet die Wissenschaft der effizienten und effektiven Gestaltung von Redeanteilen in öffentlichen Situationen, also keine Selbstgespräche. Zugleich sind damit die Techniken beschrieben, Einverständnis herzustellen, um kollegialiter Zustimmung zu erreichen oder der Widerrede einfach den Wind aus den Segeln zu nehmen.

Der Begriff «Technik»/téchne verdeutlicht, dass es dabei um Kunst, Wissenschaft, handwerkliche Fähigkeit geht, andererseits weist das Wörterbuch der Ursprungssprache aus, dass zugleich die Bedeutungen «Kunstgriff, List, listiger Anschlag» gleichwertig daneben stehen.

Dialektik

Dialektik, einfach zu übersetzen als innere Gegensätzlichkeit, bezeichnet die Befähigung, in Gesprächen den oder die Diskussionspartner in Rede–Gegenrede zu überzeugen, oder wird erlebt als Überredekunst, zugleich als Fertigkeit, durch Kommunikation Probleme zu lösen, indem im gemeinsamen Erkenntnisprozess ein Konsens herbeigeführt wird.

Dabei ist es wichtig, die Gedanken präzise zu fassen, in die richtigen Worte zu übertragen und aus einer partnerschaftlichen Rolle heraus mit der adressatenorientierten Sprache mit einer konsensschaffenden Intention das Auditorium oder die jeweiligen Gesprächspartner zu überzeugen.

Eristik

Eristik gilt als die hohe Schule der Kunstfertigkeit sowie Technik und Methode des Streitgespräches. Es zählt jedoch häufig nicht die inhaltliche Aussage, sondern einzig die unwiderlegliche Argumentation, um grundsätzlich Recht zu behalten.

Rabulistik

Rabulistik ist die spitzfindige Argumentationskunst, Themen oder Gedankengänge in einer gewünschten, nicht immer der Wahrheit entsprechenden Weise darzustellen und dabei auch geschickt die Wortverdreherei zu instrumentalisieren.

Schwarze Rhetorik

Schwarze Rhetorik ist für mich die manipulative Möglichkeit, sich aller notwendigen rhetorischen, dialektischen, eristischen und rabulistischen Kunstgriffe zu bedienen, nicht nur das Gespräch zu führen, sondern es zielorientiert in die gewünschten Bahnen zu lenken und gleichzeitig den Gesprächspartner oder das Publikum zu dem intendierten Ergebnis zu führen.

Es ist die Macht und Magie der sprachlichen Werkzeuge, so zu argumentieren oder zu disputieren, zu lamentieren, akzentuieren, dozieren oder zu diskutieren, dass der Wortführer Recht behält. Und das, wie Arthur Schopenhauer es formulierte, «per fas et nefas» – mit Recht und mit Unrecht.

Schwarze Rhetorik ist magisch, demagogisch sogar durch das Ersetzen des Denkens beim Gegenüber, ist der Quell des Wu-Wei, der absichtlichen Absichtslosigkeit beim Herbeiführen von Missverständnissen, führt elementare Verständigungsvokabeln an, um zielorientiert miteinander, gegeneinander, aber primär aneinander vorbeizureden.

Sie kleidet schlicht oder elegant unsere Gedankengänge ein, gleicht modernen Götterboten der überzeugenden Macht und überredenden Magie unserer Sprachgewalt oder gefledderten und gerupften Friedenstauben in Zeiten verbaler Zugeständnisse.

Mit der Leichtigkeit des Daherredens erträgt sie geduldig die paradoxen Widersprüche unserer argumentativ wohl drapierten Aussagen oder hölzernen Artikulationsschwierigkeiten, spöttelt ironisch-karikierend so mancher Selbstdarstellung in der Balance zwischen Imponiergehabe und faktizierendem Fassadenverhalten, nimmt leichtfüßig das Handeln voraus und ist häufig die scharfklingige Waffe derer, die keine andere besitzen oder mangelnde Faktenlage zu kaschieren wünschen.

Schwarze Rhetorik ist ein Rauschmittel, an dem wir uns aufputschen, und schlägt Wunden, die in der Reminiszenz, der Erinnerung des Gesprächspartners, niemals vernarben.

Schwarze Rhetorik ist in Worte gefasste Siegerdominanz durch konsequentes Ausreizen aller zur Verfügung stehenden Mittel und Instrumente auf sprachlicher Ebene: verbal, paraverbal und nonverbal, also in der Anwendung von sprachlichen, körpersprachlichen und sprechbegleitenden Signalen.

Natürlich könnten wir diese auch mit Karl-Heinz Anton, beschrieben in «Mit List und Tücke argumentieren», als boshafte Rhetorik fälschlicherweise einzig der Eristik zuschlagen, verlieren dann aber den Blick auf andere Techniken und Methoden, Instrumente und Kunstgriffe, die einander komplementär ergänzen und das Kaleidoskop der Anwendung ausreizen – und nehmen bereits eine Wertung bzw. Abwertung der Techniken vor, die letztlich jedoch für sich zunächst einmal neutral sind und erst in der Anwendung ihre Wertigkeit oder Werthaltigkeit erfahren.

Primär stehen dann die dialektischen, also auf das Zwiegespräch ausgerichteten Diskussions- und Argumentationsstrukturen im Vordergrund, und der Blick für die monologisch ausgerichteten Techniken und Instrumente geht leichthin verloren oder droht zumindest unbeachtet zu bleiben.

Wer heute ein Kommunikationsseminar besucht, legt vielfach besonderen Wert auf ein ehrliches, vertrauensvolles, von Glaubwürdigkeit getragenes, durch Toleranz und Wahrheit in subjektiver Objektivität geprägtes Gespräch.

Doch der Alltag, gerade auch der Berufsalltag, weist gerade das Gegenteil aus: Da gelingt es Gesprächspartnern immer wieder, andere zu Ergebnissen zu bewegen, die diese eigentlich ablehnen, andere dazu zu bringen, sich Argumentationsgänge und Gedanken zu Eigen zu machen, die ihnen fremd sind oder bei denen sie Widerwillen verspüren.

Hier wird mit einer Interessensrhetorik – der Begriff ist durch das Dritte Reich und seine manipulativen Ausprägungen und furchtbaren Entgleisungen besonders geprägt – gearbeitet, die das jeweilige Thema oder den Gesprächsgegenstand instrumentalisiert hat, sodass wir plötzlich zu Aussagen gedrängt werden, die uns selbst überraschen, dank derer wir eigene Positionen aufgeben müssen oder sprachlich-argumentativ schachmatt gesetzt werden, obwohl die Fakten doch anfangs überzeugend erschienen.

Die Gesprächsinitiative geht baden, Scheinargumente triumphieren, sachorientierte Argumentationsgänge verwirren sich zu einem heillosen Gesprächsknäuel.

Doch behalten wir einen wichtigen Punkt im Auge:
Alle Techniken und Kunstgriffe, Methoden und Instrumente unserer Kommunikation sind wertneutral, erst in der Anwendung generieren sie zu fair oder unfair, sind

Weiße oder Schwarze Rhetorik.

Ansatz und Verständnis der Schwarzen Rhetorik

Mensch ärgere dich: Wer taktisch Regeln in Gesprächen bricht und Schwarze Rhetorik verwendet, gewinnt.

Ein bekannter deutscher Personalberater sprang in kritischen Honorarverhandlungen manchmal überraschend auf, stellte sich ans Fenster – und schwieg.

Dies tat er so lange, bis sein enervierter Auftraggeber mit Engelszungen auf ihn einredete und zur Rückkehr an den Verhandlungstisch brachte – meistens unter Honorarzugeständnissen. Natürlich geschah das nicht in jeder beliebigen Situation, sondern dann, wenn das Gespräch sich an einem Verhandlungspunkt festfraß.

Ob Automobilindustrie oder Mobilfunk, Finanzdienstleistungsbereich oder Unternehmensberatung, die Amerikaner machen es, die Japaner und auch die Europäer – Manager ziehen heute alle Register, um ihren Verhandlungserfolg zu beschleunigen oder durchzusetzen. Sie brechen Regeln und wenden alle Finessen und Tricks der Schwarzen Rhetorik an, um das gewünschte Gesprächsergebnis zu erzielen – auch auf Kosten des Gesprächspartners.

In dem Roman von James W. Ellison «Forrester – gefunden» hinterfragt der gealterte Pulitzer-Preisträger William Forrester seinen Schüler Jamal: «Aber mal angenommen, du würdest die Regeln brechen. Welches Risiko gehst du damit ein?»

«Dass ich es zu oft mache», antwortet dieser.

Eine solche Antwort lenkt vom Inhalt ab, genau, aber nicht nur den Gesprächspartner, sondern auch den Gesprächsführenden, der sich kaum noch mit den Inhalten, sondern oberflächlich auf die zu brechenden Regeln seines Gespräches konzentriert.

Doch der tradierte, reglementierte Ablauf einer Verhandlung oder einer Konferenz gründet häufig auf den tönernen Füßen einer falschen Höflichkeit oder auch einer wackligen Grundlage zweifelhafter Regeln, die schon seit Jahrzehnten von viel zu vielen Kommunikationstrainern und Lehrern weitergegeben werden.

Immer wieder ist Rhetorik auch ausgeprägt in ihrer schwarzen Seite, dort beispielsweise, wo an das Gefühl appelliert wird in der Maske sachlicher und faktizierender Informationsaufbereitung, dort, wo kunstvoll mittels sprachlicher Mittel von eigenen Formulierungsschwierigkeiten abgelenkt wird oder wo sich Wort und Tat verbinden, um den Verstand zu hintergehen, wie wir es im Dritten Reich und seitdem viele weitere Male erleben mussten.

Adolf Hitler kündigte seine grausamen, menschenverachtenden Verbrechen in «Mein Kampf» an, wo er auch den Redner und die Bedeutung der Rede schwarzmalerisch beschrieb: «Die Macht aber, die die großen historischen Lawinen religiöser und politischer Art ins Rollen brachte, war seit ewig die Zauberkraft des gesprochenen Wortes. Die breite Masse eines Volkes vor allem unterliegt immer nur der Gewalt der Rede. Alle großen Bewegungen aber sind Volksbewegungen, sind Vulkanausbrüche menschlicher Leidenschaften und seelischer Empfindungen, ausgeführt durch die grausame Göttin der Not oder durch die Brandfackel des unter die Massen geschleuderten Wortes und sind nicht limonadige Ergüsse ästhetisierender Literaten und Salonhelden.»

Doch wer jetzt vorschnell den moralisierenden Zeigefinger gegen jegliche Schwarze Rhetorik erhebt, der vernehme die Warnung vom renommierten Publizisten und Journalisten Wolf Schneider (in «Wörter machen Leute»): «Die Technik der Verführung – heute mit den Schwerpunkten Werbung und Propaganda – hieß zunächst Rhetorik, ihre Erfinder waren die Griechen, ihre berühmtesten Foren die Plätze von Athen und Rom, später das britische Unterhaus, die französische Nationalversammlung und der Berliner Sportpalast. Dass die Kunst der Rede die Kunst der Überredung ist, wurde dabei nicht bestritten, sondern von Aristoteles und Cicero bis auf Gottsched, Gellert und Walter Jens immer wieder als selbstverständlich herausgestellt; höchstens, dass der Redner aufgefordert wurde, der Gerechtigkeit zu dienen ... So ist die Rhetorik nach dem Beten und dem Befehlen der dritte große Sprachbereich, in dem die Information nicht das Ziel, sondern eher den gefürchteten Abgrund bildet. Hitler und Goebbels kannten kaum einen Redetrick, den sie nicht schon bei den antiken Lehrern der Beredsamkeit hätten nachlesen können.»

Einige der besten Verhandlungstaktiker brechen unsere transparenten Gesprächsregeln – mit durchschlagendem Erfolg. Sie setzen bewusst oder unbewusst Schwarze Rhetorik ein.

Weiterhin gilt, dass diese Regeln mit einer bestimmten Absicht gebrochen werden müssen, sie sollen keinen Gesprächsabbruch herbeiführen, sondern eine Irritation im Gespräch erzeugen – die zu einem taktischen Vorteil führt. Dieses geschieht auf der Beziehungsebene, es ersetzt keinesfalls die Inhalte.

Zielsetzung ist keine Guerillastrategie, die bestenfalls Dschungelkämpfern zu Eigen ist, vielmehr eine Art strategisch-taktisches Schachspielen auf der Klaviatur der verbalen, para- und nonverbalen Möglichkeiten mit der Virtuosität eines Horowitz.

Rupert Lay («Wie man sich Feinde schafft», S. 142) schreibt dazu: «Nicht wenige Sieger demonstrieren ihre Dominanz sprachlich. Gelegentlich eignen sie sich ein elitäres Sprachverhalten an. Nicht selten wird jedoch die Sprache verwandt, um die Ausübung der Siegerdominanz zu verschleiern. Siegerdominanz kann sich verbergen hinter Äußerungen der Zuneigung, der Abneigung, der Überraschung, des Lobes, der Bitte um Rat und Hilfe.»

Regelbrecher spielen bewusst oder unbewusst, offen oder verdeckt, direkt oder indirekt ihre Spiele.

Schwarze Rhetorik besteht unter dem faktenorientierten und scheinbar sachbezogenen Deckmäntelchen partnerschaftlicher und gleichberechtigter Kommunikation, unter dem Anschein, miteinander, füreinander und zueinander im Gespräch zu sein, aus passenden Spielregel-Strategien, die nur ein Ziel verfolgen: eine Meinung gegen jeglichen faktischen oder zu erwartenden Widerstand konsequent durchzusetzen.

Was auch immer ihr vorzuwerfen ist, ihr unerschöpfliches Repertoire an Regelbrüchen kennt kaum Grenzen, ihr ausgefeilter Ideenreichtum – sprachlich wie methodisch – ist schier unerschöpflich, ihre sprachlichen Muster und Methoden, Instrumente und Techniken spiegeln die ganze Klaviatur der alltäglichen Kommunikation wieder.

Führt der eingeschlagene Weg nicht zum gewünschten und geforderten Ziel, so schleicht sich Schwarze Rhetorik durch das Gebüsch, durch das dschungelhafte Gestrüpp einer Teambesprechung, sie reißt tradierte, überalterte Brücken ein, baut unermüdlich und mit unerschöpflichem Elan neue Brücken am Ufer entlang, taktiert geschickt und subtil mit anderen Gesprächspartnern, baut Fronten auf, schüttet bisherige Gräben und Klüfte zu.

Sie verliert jedoch dabei ihr Ziel nicht aus den Augen und – bricht effizient die Regeln.

Schwarze Rhetorik verschafft Wechselbäder der Emotionen, ein Wirrwarr von Gefühlen, besteht aus Weichheit, wo wir Härte in den Positionierungen erwarten, gebärdet sich hart, wo wir fatalerweise auf Kompromisse zu hoffen gewagt hatten. Schwarze Rhetorik verändert Spielregeln, Koalitionen, Intuitionen in einer Frequenz, die das Gegenüber schier irre werden lässt.

Eric Berne («Spiele der Erwachsenen», S. 57) beschreibt einen Teilbereich der Auswirkungen und Regelbrüche, ohne sich implizit in der Ausmalung von «Spielen» auf den Begriff zu beziehen: «... Es lässt sich auch beschreiben als eine periodisch wiederkehrende Folge sich häufig wiederholender Transaktionen, äußerlich scheinbar plausibel, dabei aber von verborgenen Motiven beherrscht; umgangssprachlich kann man es auch bezeichnen als eine Folge von Einzelaktionen, die mit einer Falle bzw. einem trügerischen Trick verbunden sind. Spiele (sprich: Regelbrüche, K. B.) unterscheiden sich von Verfahren, Ritualen und allen Arten von Zeitvertreib hauptsächlich durch zwei Merkmale:

1. durch die Tatsache, dass sie von verdeckten Motiven beherrscht werden, und
2. durch ihren Nutzeffekt. Verfahren mögen erfolgbringend, Rituale wirkungsvoll und alle Arten von Zeitvertreib nutzbringend sein, aber ihrem Wesen nach sind sie alle offen und ehrlich; sie können mit einem Wettstreit verknüpft sein ...!»

Analysieren Sie beim nächsten Meeting doch einmal jene Situationen, in denen die Gesprächsteilnehmer auf dem Glatteis der Wahrheit mit beschränkter Haftung ausrutschen und trotz überzeugenderer Sachargumente scheitern.

Rhetorik-Profis ahnen es nicht nur, sondern glauben deshalb auch fest daran: Wer beim Kartenspiel einen besonderen Trumpf aus dem Ärmel ziehen will, der kann nicht auf ein Wunder à la Siegfried und Roy oder David Copperfield warten, er muss diesen Trumpf vorher in den Ärmel hineinstecken.

Geschickt spielen regelbrechende schwarze Rhetoriker ihre Karten aus, zetteln Spielchen an und nutzen alle Instrumente, Methoden, Techniken und Chancen.

- Schwarze Rhetorik besteht im Ausnutzen jeder rhetorischen oder dialektischen Unsauberheit auf der Sprachebene zum eigenen Vorteil; mit ihr wird hierarchisiert in einer hierarchiegelösten Situation, werden inhaltlich-argumentativ Grenzen gesetzt und diese anschließend übergangen, problematisiert, es wird desorientiert und in schwindelerregender Weise wieder zusammengebunden.
- Schwarze Rhetorik ist das unablässige Bitten um konstruktive Lösungsvorschläge … und das enervierende Abschmettern mittels subtiler Destruktivität.
- Schwarze Rhetorik ist zugleich das wortgewaltige Zaubern im Ausnutzen des gesamten Kaleidoskopes der Sprachmöglichkeiten und der sprecherischen Notwendigkeit, häufig unter der Zielsetzung, andere am Denken zu hindern.

Schwarze Rhetorik lässt jenes betretene, rast- und ratlose, demotivierende und ideenarme Schweigen im Gespräch entstehen, wo sich dann plötzlich auf dem Höhepunkt des kollektiven Schweigens ein quasi «weißer Ritter» in der Gunst der Stunde präsentiert, mit dessen Hilfe die Ergebnislosigkeit dann noch in letzter Minute abgewendet werden kann. Wer hier die eine wie die andere Rolle annimmt, hat einen unschätzbaren Vorteil.

> Geheimnisvoll und faszinierend wie schwarze Magie, gnadenlos und brutal wie Schwarze PR instrumentalisiert und personalisiert Schwarze Rhetorik Gespräche.

Im Gegensatz zur Farbenlehre, wo Schwarz als «Farbloch» beschrieben wird, ist Schwarze Rhetorik ausgeprägt durch ein schillerndes, farbenprächtiges und buntes Sammelsurium an Techniken, Methoden und Instrumenten, die zugleich faszinierend in ihrer Anwendung und manipulativ-manipulierend sind, das heißt, uns als Manipulatoren selbst manipulieren.

Denn wer greift nicht lieber auf eine Technik zurück, um seinen Kopf aus der Schlinge zu ziehen, als auf die Idee zu verfallen, selbst noch sich die eigene Schlinge zuzuziehen?

Die Wahl der Mittel in der Rhetorik entscheidet; nicht zimperlich und zugleich gnadenlos ergebnisorientiert ist ihr Giftschrank.

In seinem Klassiker «Wörter machen Leute» beschreibt Wolf Schneider gleichsam wie ein Krimi die Anwendungsbereiche und die Fähigkeit, Gedanken in Worte zu kleiden, er demaskiert ihre verbalen Hüllen.

Aber: Er vermeidet die Begriffe Rabulistik/Wortverdreherei, Eristik/verbale Kriegskunst, entkleidet die Dialektik. Und er enthält seinen Lesern die Schwarze im Gegensatz zur weißen Rhetorik vor.

Das ist zu wenig. Ein Grund mehr für dieses Buch.

Schwarze Rhetorik und ihre Anwendung

In Anlehnung an Cicero und den britischen Abgeordneten William Gerard Hamilton, der Tausende von Reden im britischen Unterhaus in der Zeit von 1754 bis 1796 analysierte, arbeitete Wolf Schneider in seinem bereits zitierten Buch diverse Regeln zur hinterlistigen Rhetorik (S. 115ff.) heraus, die ich auf eine allgemein gültigere Basis stelle.

1. *Die Ausdrucksweise muss einfach und «dem Volk aufs Maul schauend» (Luther) sein.*
   In der sprachlichen und präzisen Anwendung der Sprache liegt der Schlüssel zum kommunikativen Erfolg. Dabei darf sie ihre Möglichkeiten nicht nur in der Klarheit einfacher Gedankengänge finden, sondern unterliegt auch scharfsinnigen, subtilen Feststellungen, die letztlich nur ein Ziel haben: nachvollziehbar überzeugend zu sein.

2. *Der Redner hat klare Grundbehauptungen pointiert vorzutragen.*
   Schneider führt dazu ein Positionspapier aus dem Jahr 1789 der Französischen Revolution des Abbé Sieyès zur Rolle des Proletariats, der breiten Bevölkerung (dritter Stand), an:
   «Was ist der dritte Stand? Alles!
   Was bedeutet er heute? Nichts!
   Was fordert er, heute zu sein? Alles!»
   Die Grundpositionen müssen innerhalb weniger Sekunden oder innerhalb einer Minute deutlich zu machen sein, die Kernbotschaft muss verständlich und überzeugend sein. Moderne Rede müsste deshalb einen eindeutigen Handlungsappell nachschieben: «Helft uns, dieses durch die Revolution zu verändern!»

3. *Eine überzeugende Kernbotschaft, ein klares Mission-Statement, fokussiert die Botschaft.*
   Soziale Geräusche begleiten die Rede, Schlagworte pointieren die Idee. Es sind zur Faust geballte Argumente, keineswegs Ideen auf dem Weg zur Phrase, sondern Kommandorufe der Veränderung, vergleichbar Schlagzeilen, die, mit Norman Mailer zu sprechen, «Weltgeschehen in Pillenform» liefern. Nicht nur Shaw wusste, dass ein gelungener Schlachtruf die halbe gewonnene Schlacht ausmacht.

4. *Der Fokussierung von Botschaften folgt die Penetrierung, die ständige Wiederholung.*
Nicht erst der Klassiker «Und im Übrigen bin ich der Meinung, Karthago muss zerstört werden» des Cato mahnt uns, dass die Wiederholung der Botschaft den entscheidenden «Anker» im Bewusstsein pflanzt. Der Reiz nimmt zu, die Wahrheit der Aussage auch.
So sind in Studienversuchen an einer Universität in Michigan Worterfindungen in die Hauszeitung eingestreut worden. Und was bewirkten Worte wie «Zabulon» oder «Civadra»? Dass sie, je häufiger wiederholt, immer positiver aufgenommen wurden. Und ihre Entschlüsselung ebenfalls immer positiver ausfiel.

5. *Die Schwarz-Weiß-Kontrastierung schafft Positionen.*
Auch wenn die Rede oder die Argumentation sprachlich ein weites Kaleidoskop an Möglichkeiten hergibt, so zeigt sich doch erst im «Ja oder Nein», «Entweder-oder», «Schwarz oder Weiß» die Begehrlichkeit, das Überzeugtsein. Die Wahl erschwert den Zugang zur Botschaft, und nicht umsonst bedeutet Präsentation das «Positionieren».

6. *Die Grenzverwischung zwischen Wahrheit und Lüge, Information und gezielter Nichtinformation bietet Vorteile.*
Wer Argumente oder ganze Reden Punkt für Punkt zu widerlegen glaubt, vernebelt seinen Zuhörern die Sinne. Nur wer das Messer in die tiefste Wunde bohrt, erzielt den Erfolg. Eine zu komplexe und detailhafte Darstellung verwässert die Stichhaltigkeit. Ein Beispiel für eine einfache und simple Methode bietet uns ein Gottesbeweis der Kirche: «Ich glaube, also ist Gott» – auch wenn Sie ihn nicht glauben sollten.

7. *Nur persönlich adressierte Aussagen bringen den Erfolg.*
   Wer nur die Argumentation seines Gegenübers widerlegen möchte, der lässt ihm jede Menge Möglichkeiten argumentativer Hintertürchen. Seine eigenen Aussagen, seine eigene Betroffenheit sind ebenfalls Ziel des Widerspruchs und garantieren den Redeerfolg.
   Ebenso gilt es, nicht appellativ am Publikum vorbeizureden, sondern dieses ebenfalls in der eigenen Betroffenheit zu instrumentalisieren und der Frage: «Was geht das mich an?» gerecht zu werden. Seine Emotion ist der Schlüssel zum Gesprächserfolg.

Diese Regelbrecher beherrschen die Kunst, sich artig Feinde vom Halse zu halten, indem sie abgefeimt die potenzielle Lebensklugheit und den Erfahrungsschatz der Kolleginnen und Kollegen sauber auseinander nehmen, als nicht zielführend deklarieren und letztlich desavouieren. Und diese Regelbrecher liquidieren schließlich alle Ideen, verwerfen sie als nicht praxisrelevant. Jede im öffentlichen Leben initiierte Politikerdebatte organisiert sich nach dieser Logik.

Sie bieten scheinbar sachbezogen emotional Spiele an, machen aus Kollegen Mitspieler oder schlimmstenfalls Spielbälle, desorientieren durch geschickte Interventionen, geben Regeln vor, brechen dann diese … und gewinnen schließlich durch die ihnen eigene Souveränität aufgrund der heraufbeschworenen Hilfeschreie ihrer hilflosen Gesprächspartner: Spiel – Satz – Sieg auf der einen Seite. Und Niederlage auf der Seite der anderen.

Natürlich ist das alles nur ein ganz großes, lustiges Spiel, wo die Kollegin, die sich erdreistet, Widerworte zu geben, als «Zicke» mit «typisch «weiblicher Logik» deklariert wird, der Kollege, der Einspruch anmeldet, zum «Außenseiter» und gruppendynamischen Blockierer wird.

Sollten Sie meinen, dass dieses Spielchen allen Ernstes harmlos ist, könnten Sie Stein und Bein darauf schwören?

Gewinnen ist für Regelbrecher nicht alles, es ist das Einzige. Das Einzige, das zählt.

Zeigt es doch letztlich, wie regelbrechende, provokante Dialektiker geschickt ihre eigenen Vorstellungen, ihre eigenen Ideen auf Kosten aller anderen egozentrisch und in geschickter Selbstinszenierung «durchboxen».

Hätte Mr. Dialektik seine eigenen Ziele und Motivationen, Vorstellungen und Pläne, Ansätze und Konzepte direkt preisgeben sollen?

Nein, denn dann wären die wenig geschätzten Kollegen doch direkt dazu übergegangen, diese kritisch zu hinterfragen. Er wäre Gefahr gelaufen, dass man wirklich über die Sache geredet hätte, sich konstruktiv ohne Spielchen sogar mit ihm über die letztlich erwirkte Lösung einen heftigen Disput geliefert hätte, es wäre weniger lustig gewesen, ohne Spielraum für Taktiererei und verschlungene kommunikative Strategie, ohne Opfer.

Klar, dass diesem ein Regelbrecher als geschickter Dialektiker gekonnt ausweicht. Statt das Gespräch zu akzentuieren und Wagenburgen aus Positionen zu errichten, moderiert eine emotionalisierte Diskussion, verwickelt hier, verwickelt dort, bindet hier ein und grenzt dort aus.

Das wäre auch aus seiner Sicht des Spielers kaum dienlich, sodass er am Höhepunkt der kulminierenden Zweifel das Ruder in der Diskussion herumreißt und wieder einmal als Retter in der Not seine Lösung präsentiert, präsentieren muss.

Seine eigene Mitwirkung führt dazu, dass «kommunikativ alle Mann von Bord» gehen und letztlich er das Ergebnis heraufbeschwört, das Ruder in die Hand nimmt und die von ihm selbst errichteten kommunikativen Klippen umsteuert, als «Not am Mann» ist.

Er wird zum Helden der Stunde – an einem Tiefpunkt, wo niemand noch mit einem Ergebnis rechnet, und der Dank ist ihm gewiss.

Dialektiker beherrschen das Selbstinszenieren der «Siegerdominanz durch Sprache», als Regelbrecher beherrschen sie primär und zweifelsfrei vor allem dominante Kommunikation, sie beherrschen Gesprächsmoderation in ihrem Sinn, beschwören Solidarität aller Mitspieler, betonen nach außen gerne ihre sachbezogene (Schein-)Neutralität, stellen ihr Licht gerne neben, aber niemals unter den Scheffel, geben manchmal klein bei, um dann im Licht und Fegefeuer der Eitelkeiten umso größer leuchten zu dürfen.

Lassen Sie uns noch einmal Rupert Lays Aussage dazu auf uns wirken: «Nicht wenige Sieger demonstrieren ihre Dominanz sprachlich. Gelegentlich eignen sie sich ein elitäres Sprachverhalten an. Nicht selten wird jedoch die Sprache verwandt, um die Ausübung der Siegerdominanz zu verschleiern. Siegerdominanz kann sich verbergen hinter Äußerungen der Zuneigung, der Abneigung, der Überraschung, des Lobes, der Bitte um Rat und Hilfe.»

Ähnlich wirft auch Wolf Schneider im bereits genannten Kapitel die «Kardinalfrage [auf]: Ist die Rhetorik die Kunst der Schwachen, sich gegen den Starken zu behaupten, oder sind es die Starken, die auch noch die Gewalt des Wortes an sich reißen, um ihre Macht zu zementieren?»

Die Antwort scheint gegeben zu sein.

Regelbrecher und Dialektikprofis spielen auf der ganzen Klaviatur der Sprache, nutzen bewusst oder unbewusst das gesamte Spektrum der dialektischen Auseinandersetzung, kommunizieren gleichsam mal offen, mal verdeckt, inszenieren direkt oder indirekt ihre Spiele, indem sie geschickt das Kaleidoskop aller Taktiken im Gespräch oder in der Auseinandersetzung ablichten.

Etikettiert mit dem verschleiernden Deckmantel solidarisch motivierter, partnerorientierter und selbstverständlich gleichberechtigter Kommunikation, unter der Vorgabe und dem Anstrich einer fürsorglichen Hingabe füreinander im sachbezogenen und konstruktiven Gespräch setzen sie diese regelbetonten Spiele auf, wählen und variieren passende Spielstrategien.

Doch nur das Ziel zählt, nicht der Weg ist das Ziel: sich bzw. seine Meinung durchzusetzen.

Betrachtet man es als Unbeteiligter, so drängt sich schnell ein starker Eindruck auf: Das Repertoire der Regelbrecher und ihre subtilen Spiele kennen kaum Grenzen – und wenn, werden diese überquert, ihr methodischer und taktierender Ideenreichtum, sprachlich auf höchstem Niveau, ist kreativ und schier unergründlich in der Motvation, ihre Sprachgebärden sind ausgeprägt, die Ansätze spiegeln die ausgefeilte ganze Klaviatur der unfairen und fairen Kommunikation mit allem Facettenreichtum wider.

Der Weg ist das Ziel? Vergessen Sie es, das Ziel ist das Ziel; führt der eingeschlagene Weg nicht zum avisierten Ziel und gerät er zur Sackgasse oder Einbahnstraße, so schlagen die kreativen Regelbrecher sich durchs Gebüsch einer Konferenz, durch das Gestrüpp der jeweiligen Teambesprechung, reißen, vordergründig mit Killerphrasen oder motivierend, bewährte Brücken ein, konzipieren und planen, weisen und bauen neue Hängebrücken am Ufer entlang. Sie taktieren regelbrechend mit anderen Gesprächspartnern, verwickeln und verbünden sich, paktieren und solidarisieren, beschwören und philosophieren, emotionalisieren und beruhigen. Niemals, niemals verlieren sie jedoch ihr eigenes Ziel aus den Augen, dem sie auch gerne jedes kollektive Ziel unterordnen, sind sie sich doch selbst am nächsten.

Wechselbäder der Gefühle sind ihre Welt, das kommunikative Yin-Yang ist ihre Lebensphilosophie. Weichheit, wo wir Härte erwarten, Härte, wo wir Kompromisse zu hoffen wagen. Änderungen oder Deklarieren von Spielregeln, Koalitionsgebuhle, Intuitionen – es ist ihr Leben und so vertraut wie uns das Wechseln der Socken.

Schwarze Rhetorik ist eine aufgesetzte und periodisch wiederkehrende Folge sich häufig wiederholender Spiele, dargestellt in kommunikativen Transaktionen, äußerlich immer (scheinbar) plausibel, dabei aber von verborgenen, im Innersten ganz und gar egomanischen und egozentrischen Motiven beherrscht. Sie ist umgangssprachlich auch als eine Folge von verwirrenden und nicht immer ergebnisorientierten Einzelaktionen zu bezeichnen, die mit einer subtil aufgestellten Falle bzw. einem mobbenden, dialektischen, entsolidarisierenden, in jedem Fall aber trügerischen und taktilem Trick verbunden sind.

Und wenn es sein muss, beenden sie komplexe Gedankengänge und konstruktive Gespräche mit geistreichen oder unter die Gürtellinie gehenden «Killerphrasen», bei denen sie ebenfalls nicht zimperlich sind.

II. Grundregeln der Schwarzen Rhetorik

Schwarze Rhetorik ist die manipulative und gesprächsbestimmende Möglichkeit, sich aller notwendigen rhetorischen, dialektischen, eristischen und rabulistischen Kunstgriffe zu bedienen, nicht nur das Gespräch zu führen, sondern es zielorientiert in den gewünschten Bahnen zu lenken und gleichzeitig den Gesprächspartner oder das Publikum zu dem beabsichtigten Ergebnis zu führen.

Sie bedient sich deshalb einiger Gesprächsgrundsätze, die im Folgenden anhand einiger wichtiger Gesprächsregeln festgehalten sind.

Regel:
ER oder ICH – Schluss mit anonymisierten Botschaften

Wir alle kennen die Gepflogenheit, das eigene Licht unter den Scheffel zu stellen, eine Angewohnheit, sich und das eigene Leben klein zu machen.

In der Kommunikation sprechen wir deshalb gerne vom Fassadenverhalten in der Selbstdarstellung. Ein Verhalten, wo das eigene Selbstbild gerne allein in der Rollenfunktionalität ausgedrückt und die Persönlichkeit hinter der bekleideten Funktion in einem Unternehmen geschmälert wird oder gar nicht zutage tritt.

Sten Nadolny, einer der viel gelesenen deutschen Schriftsteller der Gegenwart, beschreibt in seinem Roman «Er oder Ich» (S. 11) dieses Phänomen als positiv, da sein Roman(un)held sich bewusst dieser Anonymität bedient: «Man kann, wenn man eine Beobachtung notiert, das ICH zum Subjekt machen, aber auch ein ER, obwohl man ICH meint. ICH macht die Gedanken schneller, ER lässt ihnen, des Abstands wegen, mehr Erfindungsfreiheit. ICH kann nicht so leicht eine ausgedachte Geschichte behaupten wie ER. ‹Ich bin› und ‹er ist› – das sind Gefäße sehr verschiedener Art.» «Er ist strategischer Berater bedeutender Klienten aus Wirtschaft und Politik», das macht weniger argwöhnisch als ein «Ich bin».

Nadolny weiter: «Sofort drängt sich die Frage auf: Was ist das für einer, der so von sich spricht? Ist es denn wahrscheinlich, dass ein ernst zu nehmender Mann der Wirtschaft oder Politik sich so anhört? Wir sagen von so einem ICH, er rede reichlich geschwollen, und ziehen unsere Schlüsse daraus. ICH und ER sind zweierlei Netze; mit dem einen fängt man viele kleinere, mit dem anderen wenige und größere Fische!»

Doch Nadolny differenziert. Er differenziert, lässt seinen Ole Reuter im Roman bewusst einmal die eine, mal die andere Sprechweise wählen.

In der Praxis erlebe ich es anders – dort haben viele Manager der ersten und zweiten Ebene, häufiger Männer als Frauen, das Grundproblem der Anonymisierung.

Sie sprechen über «Man macht Karriere, ergreift einen Job …» – aber dabei bleibt die Identität mit der beschriebenen Person auf der Strecke. Auch die Verbindlichkeit in Zusage oder bei Versprechen ist nur vage. Doch zugleich präsentiert dieses «man» die eigene Unentschiedenheit und die Unsicherheit, verdrängt das Handeln und relativiert Schwächen, Ausrutscher und Verfehlungen werden harmloser, Betroffenheit anders deklariert und persönliche Gefühle verborgen. Doch auch Personen lässt «man» außen vor, entpersonifiziert Geheimnisse oder Ereignisse, es entlastet zugleich das Gedächtnis.

In seinem Roman spottet Nadolny weiter: «Zur Schreiberei noch: Seit Jahrzehnten übt er [sprich: der Protagonist Ole Reuter, K. B.] sich in einer Art Distanzmethode, versucht eigene Taten per ‹er› zu erzählen, gründet also mit einem ‹neutralen› Erzähler, der er selber ist, einen Verein zur Veredlung der Wahrheit (wir kennen das von Xenophons ‹Anabasis›). Außerdem glaubt er, mit der ER-Methode mehr zu ‹sehen›. Vergebens, seine Stärke heißt Wegschauen auch hier. Befindet sich stets zuverlässig dort, wo die Not der Welt nur als fernes Getöse wahrzunehmen ist.» (S. 49 f.)

Zugegeben: «Man» wie auch «frau» flüchten gerne von der persönlichen Identifikation, es erleichtert so dann und wann das Leben, unseren Alltag. Andererseits – streichen wir dieses «man» nicht aus jedem Geschäftsbrief als Rückfall in die verbale Unpersönlichkeit? Bitte kontrollieren Sie dieses «man» deshalb stärker.

Tipp:

Lassen Sie bei einem wichtigen Telefonat Ihr Diktiergerät mitlaufen, kontrollieren Sie Ihre ICH-ER-MAN-Differenzierung.

Oder meiden wir vielleicht bewusst mit dem «man» das Peinlichkeit produzierende «ich»? Sagt also jemand: Ich bin einfach nicht im Rhythmus, bin auf der Trittleiter der Karriere gestolpert und auf dem Rückweg! – dann klopfen wir ihm – von wegen Sympathie – mitleidsvoll auf die Schulter und murmeln, dass es schon irgendwie werden wird.

Und andererseits bringt ein anonymisiertes «man» im Gegensatz zu ICH kein mitleiderregendes Zeugnis zur Sprache, jammert niemand jemanden schweres Schicksal vor, es signalisiert Ruhe und Gelassenheit.

Noch schlimmer – eröffnet es uns doch die Möglichkeit, anstatt wie im vorausgegangenen Beispiel Mitleid zu erregen, eine demonstrative und tiefenpsychologische Demut zur Schau zu tragen: Da stehen wir am Zenit des Lebens (der nächste Zenit bleibt aus, der jetzige vergeht) und haben den Blick für die Vergänglichkeit. Aus dem persönlichen Abstieg wird ein entpersönlichtes Distanzspiel.

Doch – zufriedene (ich spreche nicht von erfolgreichen!) Manager haben das nicht nötig! Lassen Sie es, differenzieren Sie!

Tipp:

Nehmen Sie das Manuskript oder den Präsentationstext Ihres nächsten Vortrages zur Hand – streichen Sie das «man» dort, wo es nichtig ist. Sprechen Sie die entsprechenden Passagen bewusst mehrmals laut durch, als Ich-Botschaft. Trainieren Sie Ihr ICH!

Vertiefungsübung:

Analysieren Sie bei Ihrem nächsten Meeting bei Ihrem Geschäftspartner das «man» – wann sollte dieser es nicht einsetzen –, sprechen Sie es ruhig einmal gegenüber vertrauten Kollegen an. Sensibilisieren Sie Ihre Sprache!

Ich-Botschaften

- sind konfliktlösende Formulierungen,
- benennen eigene Emotionen,
- sind offen in der Formulierung und zugleich kalkulierbar in ihrem Anspruch,
- sind Feedback-Konfrontationen als Reflexion des Sprechers.

Man-Botschaften sind

- anonyme Kommunikationskiller,
- beziehungslose Sprechmarotten,
- ausflüchtende Debattieransätze,
- entpersonalisierend und nicht festlegend,
- sanfte Anfragen und Zusagen.

Du-Botschaften

- sind appellativ und fordernd,
- nehmen Entscheidungen vorweg,
- adressieren das Gegenüber und fordern die Stellungnahme,
- geben Verantwortlichkeit ab,
- provozieren Rechtfertigung und Erklärung.

Wir-Botschaften sind

- die Betonung von Gemeinsamkeiten,
- die Einforderung von Konsens,
- eine Unterstreichung der Teamleistung,
- Ausflüchte des Ichs,
- auf Wahrheitsgehalt zu überprüfen.

Tipp:

Falls Ihnen die Ich-Botschaft schwer über die Lippen geht, so gibt es einen kleinen Kunstgriff. Formulieren Sie Ihre Aussage aus Sicht Ihrer Vorgesetzten oder Kunden.

Ein Beispiel:

«Welche Kompetenzen ich mitbringe? Nun, für die Funktion war die erbrachte Leistung und Erfahrung aus mindestens drei Großprojekten gefragt, diese hatte ich als Projektleiter im XY-Projekt zur Mitarbeitermotivation bei der Firma Meyer, in der Projektsteuerung im Fusionsprozess bei ABC-CDE und in der strategischen Projektleitung bei der Unternehmensberatung GHI umfassend bewiesen. Die Projekte waren alle drei sehr erfolgreich, im Detail lässt sich dazu ausführen ...»

Schluss mit Selbstironie «... ein Fünkchen Wahrheit ist schon dran!»

Ein überzeugender Gesprächsauszug, der den Widersinn von Selbstironie aufzeigt, findet im Sitzen statt:

«Wie heißen Sie denn?!»

«Ich ...»

«Machen Sie ruhig das Jackett auf, dann sitzt es nicht so gespannt!»

«O. k., ja, also mein Name ist Michael ...»

«Wir kennen uns ja bereits von einer gemeinsamen Fahrstuhlfahrt, wobei Sie überrascht waren, dass es nach oben ging ...»

«Nun, ich ...»

«Es ist im Fahrstuhl normal, entweder geht es nach oben oder unten.»

«Wollen, ähhh, Sie jetzt wissen, wer ich bin?!»

«Ja, klar, Sie kommen bloß nicht auf den Punkt!»

«Also, mein Name ist Michael...»

«... sagten Sie schon ...»

«... ja, ich bin von der Ausbildung her Dipl.-Wirtschaftsinformatiker und arbeite jetzt bei der Firma Meier in Y-Stadt. Vorher war ich bei der Firma Müller in X-Stadt, die aber leider nicht mehr existiert. Und davor war ich bei der Firma Nixdorf, na ja, deren Schicksal ist ja auch bekannt!»

«Jetzt werden Sie natürlich sagen, dass Sie diese nicht zugrunde gerichtet haben. Oder?!»

«Vermutlich nicht, aber ausgeschlossen ist es natürlich nicht (lacht); es ist – ähhh – natürlich auffallend, dass alle Firmen, bei denen ich vorher war, aufgehört haben zu existieren. Ich führe das allerdings nicht unbedingt auf meine Mitarbeit zurück (lacht wieder).»

«Klar, warum sollten Sie auch? An Ihrer Stelle würde ich es auch nicht zugeben, schuldig zu sein.»

«Ähhmm.» (lacht)

«Also, geben Sie es zu?!

«Nein, ich konnte jedenfalls immer meine Arbeitgeber davon überzeugen, dass ich ein wertvoller Mitarbeiter bin. Bisher jedenfalls ..., habe es irgendwie auch geschafft, eine neue Stelle zu bekommen.»

«Klar, Hauptsache, man überträgt Ihnen nicht wieder unvorsichtigerweise die operative Verantwortung ... Da gehört schon einiges dazu, so ein Unternehmen wie Nixdorf zugrunde zu richten...»

«Ja, 30 000 Leute – schwupps – von heute auf morgen zugrunde gerichtet.»

«Wie haben Sie das geschafft?»

«Das möchte ich eigentlich nicht verraten!?»

«Wer bezahlt Sie denn dafür, dass Sie diesen Job machen, die Wettbewerber der jeweiligen Unternehmen?»

«Den größten Teil meines Gehalts bekomme ich vom Arbeitgeber.»

«... und sicherlich eine Erfolgsprämie vom Wettbewerber?!»

«Ähhmm ...»

«Wer ist denn der schärfste Wettbewerber Ihres jetzigen Arbeitgebers?!»

«Das ist die Firma ABC ... Aber noch sind wir Weltmarktführer!»

«Noch ...»

«Ja, aber für die Produktion bin ich nicht verantwortlich, bin EDV-Fachmann, arbeite also im Hintergrund.»

«Klasse, kann also der Vertrieb noch so erfolgreich sein, solange Sie die EDV kontrollieren, läuft das Unternehmen nicht.»

«Ja, aber bei meiner Firma arbeite ich schon fünf Jahre, und sie ist immer noch erfolgreich ...»

«... wie lange waren Sie denn bei Nixdorf?»

«Sieben Jahre!»

«Und dann bei dem Unternehmen danach?»

«Sechs Jahre ...!»

«Also erwecken Sie zunächst einmal Vertrauen und dann: Bängg!»

«Na ja ...?!» (lacht)

Die Selbstironie erkennen Sie sofort, am Anfang des Gesprächs lockere selbstironische Replik, und schon hat sich die kommunikative Schlinge zugezogen. Und dabei weiß jeder Zuhörer – oder in diesem Fall Sie als Leser unseres fiktiven Gesprächsausschnitts –, dass die Selbstironie keinerlei (?) Wahrheit enthält.

Aber, die selbstironischen Bemerkungen sind eine unheimliche Herausforderung bei der Verarbeitung des Rezipienten: Er hört eine Botschaft, versteht diese – richtig, genau und analytisch – klar und deutlich, soll aber das Gegenteil denken und dann auch noch diese gegenteilige Aussage abspeichern. Wahnsinn.

Tipp:

Selbstironie ist ein geistiger Spagat, den der Gesprächsteilnehmer nicht leisten kann – auch wenn er die Selbstironie erfasst.

Ein weiteres verkürztes Beispiel:

A: «Sie sind eine Pfeife!»

B: «Ach, wenn Sie mich genauer kennen würden, wüssten Sie, dass ich sogar eine Oberpfeife bin!»

Und jetzt die Betrachtung aus Sicht des Zuhörers:

Er hört einmal «Pfeife» und einmal «Oberpfeife», soll jetzt direkt die Ironie sowie die Selbstironie erkennen und verstehen, sodann das Gegenteil abspeichern.

Kurze Frage: Was ist das Gegenteil von «Pfeife?» – Sehen Sie?!

Tipp:

Bitte in kritischen Situationen auf Vorwürfe oder Fragen zu Ihrer Person, dem von Ihnen repräsentierten Unternehmen oder Kompetenzfeld niemals mit Selbstironie antworten. Die Botschaft wäre eine Aufforderung zum geistigen Spagat für die Gesprächspartner. Und ein Fünkchen Wahrheit ist immer dran … Stellen Sie durch klare Bewertung und positive Aussagen die Fragen oder Vorwürfe richtig, bewerten Sie den Gesprächspartner und seine Aussagen konsequent.

Ironie ist ein Trojanisches Pferd der Verbalakrobatik, Selbstironie ist ein geistiges Minenfeld für den Anwender.

Ein Gegenbeispiel deshalb:

«Haben Sie also das Unternehmen zugrunde gerichtet?»

«Nein, im Gegenteil, ich habe dort sehr erfolgreich gearbeitet!»

Denken Sie daran:

Vorwurf nicht wiederholen, denn Wiederholungen verankern die Botschaft.

Ersetzen Sie den Vorwurf durch eine positive Richtigstellung, niemals durch negative Abgrenzung («Ich bin nicht schuld»).

Als Selbstironie bezeichnen wir eine Stilfigur, bei der die Situation oder der Gesprächsverlauf es dem Zuhörer anbieten, dass die auf sich selbst bezogene Aussage des Sprechers die gesagten Worte konterkarieren, also ins Gegenteil verkehren sollen.

Ein Beispiel finden wir bei Sten Nadolny «Er oder Ich» (S. 39), wo der alternde Berater Ole Reuter, der durch Deutschland mit der Bahn unterwegs ist, sein Ich herunterspielt: «‹Im Grunde bin ich Verkäufer geworden›, lächelte Ole Reuter. ‹Heute verkaufe ich den Ruck, der durch Firmen, Parteien und Institutionen geht. Ich verdiene im Übrigen auch, wenn er ausbleibt.›»

Regel:
Ein pointiertes, schlagfertiges Zitat zur rechten Zeit ist Gold wert ... besser ist jedoch die Penetrierung Ihrer Kernbotschaft!

Im Hörbuch für den Rusch-Verlag «Nie wieder sprachlos!» hatte ich bereits darüber berichtet, heute habe ich einen besseren Tipp.

Fast hätte ich meine Trainerkarriere beendet, als sie gerade angefangen hatte. Es ist über zwölf Jahre her, allerdings mir noch wie heute vor Augen ...

Ein mittelständisches Unternehmen für Visualisierungtechnik und Videokonferenz-Ausstattungen hatte mich für einen Vortrag auf der Didakta verpflichtet. Die Didakta ist die führende Messe und Ausstellung für Lerntechnik und Tagungsmedien. Dort wird Jahr für Jahr von den Ausstellern ein Diskussionsforum veranstaltet, auf dem themenbezogene Referate einem interessierten Publikum präsentiert werden.

Mein Vortragsthema war die Einsatzmöglichkeit und visuale Gestaltung der damals noch nicht allzu verbreiteten Videokonferenzen. Eine solche Einrichtung schlägt in den Unternehmen schnell einmal mit rund einer Million Euro zu Buche, aber viele der Firmen, die über diese ausgestatteten Räume verfügten, nutzen oder nutzten sie nur unzureichend, da sie eine spezielle Durchführung und eine besondere visuelle Aufbereitung, Präsentation von Inhalten wie Vorbereitung erfordern – und eine sehr enge Moderation, damit es nicht eine typische Sitzung wird, auf die viele gehen, bei der aber wenig Effektives herauskommt.

Der damals führende Anbieter hatte mich also als Referent verpflichtet, diesen Mehrwert und zugleich die Zeit- und Kostenersparnis sowie Einsatzmöglichkeiten anhand von Praxisbeispielen und didaktisch-methodischer Vorgehensweise zu erläutern. Mein Vorredner war der allseits bekannte Horst Rückle mit seinem Standardthema Körpersprache. Ein Thema, mit dem er übrigens auch Unternehmensethik ohne weiteres erklären kann. Das Auditorium war interessiert bei der Sache, das Forum mit etwa 250 Gästen sehr gut besucht. Ein guter Auftakt.

Mein kurzweilig gestrickter Vortrag von knapp einer Stunde schien die Anwesenden mitzureißen, es bot sich immer wieder anhand der Praxisbeispiele die Möglichkeit, die interessierten Zuhörer mit ihrer Praxis einzubinden und Brücken zum Publikum herzustellen.

Die eingesetzten Visualisierungsmethoden sprachen die Teilnehmer an, ein beifälliges Nicken und wohlwollende Zufriedenheit ließen sich von den meisten Gesichtern ablesen.

Mein Eindruck und meine Wahrnehmung während des Referats signalisierten: Du kommst gut an! Das Thema passt, der Inhalt überzeugt.

Zum Schluss des Vortrags eröffnete ich die Diskussion. Es standen im

Forum Mikrofone verteilt, sodass eine interaktive Situation gegeben war. Ziemlich weit hinten im Plenum erhob sich als Erster ein Managertyp, gut gekleidet und nicht wie viele der anderen Forumbesucher mit Freizeitkleidung und Informationsmaterialien oder Info-Tüten bestückt. Er ging lässig in die Mitte des Plenums, ließ eine längere Wirkungspause verstreichen, bis auch alle anderen Anwesenden sich auf ihn fokussiert hatten.

Und dann begann er sinngemäß voller Sarkasmus und triefender Ironie: «Herr Bredemeier, ein dickes, dickes Kompliment. (Pause!) Ein dickes Kompliment dafür, dass Sie es geschafft haben, dieses hochinteressante Thema mit Ihrem Vortrag komplett zu zerreden!» Drehte sich um und ging gemächlich zum Forumsausgang.

Ich war wie vor den Kopf geschlagen, das hatte ich weder erwartet noch deckte es sich mit meiner Wahrnehmung eines interessierten und beteiligten Auditoriums.

Selbstbild und eingespieltes Fremdbild klafften meilenweit auseinander. Und das Schlimme war: er ging. Er ging einfach, er wartete nicht auf die Antwort, erklärte nicht wieso und weshalb sein Eindruck so negativ war, er ging einfach.

Nachdem ich mich ob dieser Konfrontation, dieses Verbalschlags vor den Kopf gefangen hatte, schoss mir ein Zitat durch den Kopf, welches ich während meiner Studentenzeit am schwarzen Brett eines Studentenwohnheimes gelesen und das sich mir unauslöschbar eingeprägt hatte.

Während also der Konfrontationspartner sich abwendete und gemächlich zum Ausgang schlenderte, gab ich ihm mit lauter und erstaunlich fester Stimme (obwohl die Knie ziterten) dieses Zitat mit auf den Heimweg: «Max Frisch hat einmal gesagt: Wenn du glaubst, etwas als Wahrheit erkannt zu haben, so halte es dem anderen hin wie einen Mantel, in den er hineinschlüpfen kann, schlage es ihm aber nicht wie ein nasses Handtuch um die Ohren. Das war das Handtuch – schade!»

Es war mucksmäuschenstill im Plenum, der Mann stockte … und dann setzte tosender Beifall der anderen 249 Anwesenden ein.

Die Situation war gerettet, der Aggressor hatte einen denkbar schlechten Abgang. Und der Beifall ließ ihn die letzten Meter bis zum Ausgang sicherlich wie die schwersten Meter seines Lebens vorkommen.

Die weitere Diskussion bestätigte: Das Publikum war voll bei der Sache, Verbalattacken kamen keine mehr.

Später sah ich diesen Mann wieder, er trug mittlerweile ein Erkennungsschild und gehörte zur Verkaufsmannschaft des Hauptwettbewerbers meines Auftraggebers.

Es war ein Happy End. Doch was wäre gewesen, wenn ich blockiert gewesen wäre, was, wenn ich nur gestammelt hätte oder richtig sprachlos gewesen wäre? Für weitere dieser öffentlichen Auftritte hätte ich vielleicht keinen Mumm mehr gehabt.

Eine Lehre habe ich damals daraus gezogen: Ich wollte nie in einer ähnlichen Situation sprachlos sein! Damals setzte ich auf ein gutes Zitat, heute setze ich in solchen Situationen lieber auf eine klare, penetrierte Kernbotschaft:

«Schade, dass die Botschaft von Ihnen überhört wurde, ich unterstelle einmal, *bewusst* überhört wurde. Nochmal: Die Firma XYZ hat ein erstklassiges Videokonferenzsystem entwickelt, das Ihnen Kosten spart und Innovationen beschleunigt! Weitere Fragen?»

Böse wäre: «Weitere Fragen, die uns jetzt inhaltlich weiterbringen?»

Tipp:

Legen Sie sich grundsätzlich für jedes Gespräch, für jede Präsentation und jeden Vortrag zumindest eine klare Kernbotschaft zurecht, diese ist ein Anker in jeder Notsituation, um wieder Fuß zu fassen in der Diskussion, zugleich untermauert sie die eigene Position und verstärkt jeweils die Botschaft.

Was macht eine Kernbotschaft aus?

Eine gute Kernbotschaft weist drei Faktoren auf:

- Sie ist eine prägnante Zusammenfassung des Gespräches oder der Präsentation.
- Sie beinhaltet zum «Ankersetzen» beim Publikum den Unternehmensnamen (wie soll sich der Gesprächspartner an Ihre Botschaft in Zusammenhang mit Ihnen sonst erinnern?!).
- Sie enthält eine klare Bewertung (schließlich kennen Sie Ihre Leistung!)

Erinnern Sie sich bitte an das vorausgegangene Beispiel.

«Schade, dass die Botschaft von Ihnen überhört wurde, ich unterstelle einmal, *bewusst* überhört wurde. Noch einmal: Die Firma XYZ hat ein erstklassiges Videokonferenzsystem entwickelt, das Ihnen Kosten spart und Innovationen beschleunigt! Weitere Fragen?»

Der Unternehmensname ankert, die Bewertung findet statt, es ist in einem Satz eine prägnante Aussage!

Eine gute Rollendefinition ist Gold wert … Inszenieren Sie Ihre Auftritte

Einige Jahre ist Johannes Rau aus Wuppertal inzwischen deutscher Bundespräsident, nach Richard von Weizsäcker und Roman Herzog, dem Charismatiker und dem Intellektuellen. Rau war bisher ziemlich unscheinbar. Und äußere Begründungen gibt es dafür auch: Einerseits war da diese leidige Flugaffäre, die ihn in Verbindung mit der West LB sprachlos werden ließ, dann spielte die Gesundheit übel mit, eine schwere Operation erfolgte, die Genesung erfolgte nur langsam über Monate hinweg. Und schon warfen ihm die Medien in allen Schattierungen und Facetten des multimedialen Kommunikationswaldes vor, dass er es nicht schaffe, eine wirkliche Rolle zu spielen, er im Gegensatz zu von Weizsäcker zu wenig Charisma aufweise und im Vergleich zu Herzog die Dramaturgie auf der Strecke bliebe.

Folgerichtig tadelte Wolf Lepenies: «Die richtige Idee reichte nicht aus. Ihre Inszenierung war entscheidend. Die Politik braucht die Pose.»

Im Anfang ist die Idee richtig, aber dann geht es um Vitalität, inszenierte Präsenz, mediale Wirkung – um Rollenspiel. Eine gute Idee ist sicherlich Gold wert, aber erst ihre Umsetzung lässt die Kasse klingeln.

Wer etwas zu sagen hat, der muss auch das Wort erheben und seine Rede, seine Präsentation ins Rampenlicht setzen.

Interessante Ergebnisse förderte der Kommunikationswissenschaftler Siegfried Frey zutage, der mit seinem Team kurze, tonlose Videoclips von verschiedenen Politikern Testpersonen vorführte.

Dabei kontrollierte er die physiologischen Reaktionen der Versuchspersonen bezüglich der Atem- sowie Herzfrequenz oder auch die Hauttemperatur – Signale der Empfindung. Die Forscher checkten das durch Abfragen der subjektiven Eindrücke gegen.

Verblüffend, dass in Sekundenbruchteilen das Auge des Betrachters zu einem unterbewussten Urteil gelangt und den Gegenüber kategorisiert: Sympathisch, unsympathisch, devot – bescheiden – arrogant. Schublade auf, Schublade zu. Diese vergleichsweise reflexmäßigen Urteile lassen sich auch dann kaum verändern, wenn der Betrachter mehr Zeit zur Bewertung erhält. Ihre Vorurteile werden im Regelfall bestätigt.

Kleine Signalveränderungen, so verdeutlicht es Frey am Beispiel des Bildes «Madonna del Magnificat» von Sandro Botticelli, verändern direkt auch die Einschätzung, schnell wird aus der selbstbewussten Herrin eine devote Frau.

Halten wir aber noch einmal fest: Es waren tonlose Bildsequenzen, so dass primär der Körperausdruck und die nonverbalen Signale zum Tragen kamen.

Frey, der Videoclips mit 180 meist unbekannten Politikern aus den USA, Deutschland und Frankreich vorgeführt hat, resümiert in einem «Focus»-Interview (45/1999): «Es gibt Politiker, die sich schon aufgrund ihres nonverbalen Verhaltens das Leben schwer machen. Zu diesen zählt Oskar Lafontaine. Mit Rangplatz 180 erreichte er den letzten Platz unter allen Politikern. Er erweckte bei unseren amerikanischen Probanden, denen er gänzlich unbekannt war, den Eindruck eines besonders ‹inkompetenten, unfairen und arroganten Mannes›.»

Frey stellte den Expräsidenten der USA Ronald Reagan, der für ihn klassisch den Begriff des «Teflon-Effektes» spiegelte, dagegen: Nichts blieb an ihm hängen. Ähnlich: Bill Clinton, der allen Ereignissen zum Trotz immer wieder im Fernsehen die Prozentpunkte der Bewertung nach Negativmeldungen hochtrieb.

Wenn also die visuellen Stimulationen uns sehr stark steuern, wäre es doch schade, wenn wir dieses Blatt nicht ausreizten und auf diesen Joker setzten.

Tipp:

Fordern Sie im Interesse Ihrer eigenen Person ein klares Feedback Ihrer Umgebung ein, lassen Sie sich dezidiertes Feedback geben, nutzen Sie klare Rückmeldungen, arbeiten Sie an Ihrer Rolle und füllen Sie diese aktiv aus.

In vielen Coachings muss ich leider immer wieder feststellen, dass sich gerade im Topmanagement viele Coachingpartner davor zieren, Rollen aktiv zu besetzen, oder sich diese auch wieder zuschreiben lassen.

Definieren Sie Ihre Rolle, planen und inszenieren Sie Ihre Auftritte.

Ob Sie vorher einen guten Job machen oder nach dem Auftritt einen guten Job machen – das ist egal, wenn Sie sich beim jeweiligen Auftritt nicht «verkaufen» können.

Zwei Beispiele:

Der neue, designierte Vorstandvorsitzende einer publikumsnotierten AG plante alle seine Auftritte von Anfang an, ich coachte ihn dabei, wir formulierten seine Rollenbesetzung, sein «wording», fokussierten seine Botschaften und überlegten alle unterschiedlichen Reaktionen.

Er pflegte sein Image. Er durchdachte seine Rolle.

Es wurde nachhaltig ein voller Erfolg. Das Coaching wurde nach einem Jahr nur noch sporadisch in Anspruch genommen.

Anders die Geschäftsführerin in einem anderen bekannten Unternehmen. Zwar ließ sie sich auch für einen wichtigen Auftritt coachen, konzentrierte sich aber nicht auf diesen, sondern ließ ihn als etwas «Lästiges, Unabwendbares» geschehen. Die Präsentation war überzeugend vorbereitet, die Technik spielte verrückt, die Nerven gingen durch, es endete in einem noch vertretbaren Chaos. Schade, der Aufwand, das gute Image nachhaltig zu stabilisieren, wird sie noch lange Zeit in Anspruch nehmen.

Tipp:

Wir sind als Person mit verschiedenen Rollen konfrontiert, professioneller Umgang mit der eigenen Persönlichkeit erfordert die konsequente Besetzung dieser Rollen.

Besetzen Sie aktiv diese berufliche Rolle.

Rollendefinition findet nicht auf der inhaltlichen Ebene statt

Rollendefinitionen finden auf der Gesprächsführungsebene statt, dort «hierarchisieren» wir uns, «sozialisieren» einander.

Ein Beispiel:

Eine weibliche Führungskraft in einer großen Bank schilderte während unserer gemeinsamen Coachings Treffen in der Leitungsrunde und ihre permanenten Probleme mit einer anderen Führungskraft, die es hervorragend verstand, sie immer wieder sprachlos zu machen.

Unter anderem provozierte ihr Gegenüber sie wiederholt mit Äußerungen wie «Typisch Frau!». Jedes Mal, so sagte sie, würde sie hochgehen wie eine Rakete oder völlig hilflos und irritiert darüber nachsinnen, was denn so «typisch Frau» an ihren Äußerungen sei.

Wir haben dann – und das ist der Vorteil bei diesen Trockenübungen während eines Coachings – über verschiedene Lösungen nachgedacht und differenzierte Lösungsmuster (so genannte «pattern») erarbeitet.

Als der Kollege etwa eine Woche später eine ähnliche Verbalattacke startete, da entgegnete die weibliche Führungskraft süffisant: «Ach, woher wissen Sie denn als Mann, was typisch Frau ist?»

Der bissige Kollege war total irritiert, die übrigen anwesenden Männer lachten lauthals.

Für diese Sitzung war das Thema durch.

Ein weiterer Versuch endete – knapp eine Woche später – ebenso als Desaster.

Auf den Einwurf desselben Kollegen: «Das ist ja mal wieder weibliche Logik ...», entgegnete meine Coachingpartnerin: «Messerscharf erkannt, und das von einem Mann!»

Wiederum lachte die ganze Runde, und die Verbalattacken dieses Kollegen gehören seitdem der Vergangenheit an. Gott sei Dank hatte das Coaching mehr inhaltliche Aspekte, doch: «Nie wieder sprachlos!» – war auch ein Fazit der weiblichen Führungskraft in dieser Bank.

Übrigens erinnert das an eine kleine Geschichte, die mir eine andere Teilnehmerin erzählte. Auf die Bemerkung eines Kollegen, der sie auf dem Betriebsfest foppen wollte: «Na, liebe Kollegin, in dem Hosenanzug sehen Sie ja fast aus wie ein Mann!», entgegnete sie schlagfertig: «Sehen Sie, das verbindet uns: Sie in Ihrem Anzug ja auch fast!»

Tipp:

Unterscheiden Sie inhaltliche Angriffe von solchen, die auf der persönlichen Ebene stattfinden. Beenden Sie diese konsequent – bevor Sie inhaltlich Souveränität demonstrieren.

«Sag die Wahrheit!» heißt: Immer die Wahrheit sagen, aber nicht immer die Wahrheit sagen

Wir bezeichnen das in der Kommunikation als «selektive Wahrheit». Sie müssen immer bei der Wahrheit bleiben, aber diese nicht immer ausführlich ansprechen.

Der Schauspieler Jim Carrey hatte in der Hollywood-Klamotte «Liar, Liar» den Auftrag, einen Tag ohne Not- oder bewusste Lügen durchstehen zu müssen.

In der «Cosmopolitan» 5/99 beschrieb die Autorin Susanne Schneider ihren heiklen Auftrag, eine ganze Woche lang nicht lügen zu dürfen – eine Wahnsinnsaufgabe.

Soziologen, Psychologen und andere Wissenschaftler haben längst wissenschaftlich untermauert, dass wir etwa ein- bis zweihundert Mal am Tag zur geistigen Notbremse greifen und lügen. Selten geht es um die großen Dinge des Alltags, vielfach sind es die kleinen. Dort, wo wir uns mit sozialen Geräuschen bereits auf dem Weg ins Büro begrüßen: «Hallo, wie gehts» – «Danke gut!» Klar, dass wir hier keine Informationsfrage gestellt bekommen, sondern ein Kontaktritual abgreifen, welches uns automatisch über die Lippen gleitet. Glattzüngig, abgeklärt und floskelhart schallt es durch unsere Welt.

Natürlich sind wieder einmal wir Männer die größeren, abgefeimteren Lügner. Wir bringen es auf durchschnittlich 220 Wahrheitsbeugungen, Frauen planen anscheinend wirklichkeitsbezogener, sind weniger egomanisch in ihrem Verhalten und prestigerenitenter obendrein. Und natürlich gehört Klappern für uns zu unserem Handwerk, indem wir uns ständig unter Beweis zu stellen haben.

Aber vielleicht sind wir Männer ja doch stärker belastet und knicken an Risikostellen deshalb eher ein? Wohl kaum.

Wo also lügen wir zwanghaft oder genötigt, aus Not oder Angeberei?

Männer – Das Auto, der Deutschen (Männer) liebstes Kind: Da erleben wir in der Regel Autofahrprofis, gegen die ein Michael Schumacher nur mehr Material zur Verfügung hat, die Durchschnittsgeschwindigkeiten hinlegen, welche jedes Radargerät erblassen lassen, und die Attributierungen «schlecht» oder «ängstlich» sind für das weibliche Geschlecht reserviert. Ein Ammenmärchen natürlich auch, dass es Extrafrauen geben könnte, die besser am Motor herumschrauben oder das Rad schneller wechseln. Autofahren, Autofahrkunst – unsere Domäne. Da lassen wir doch lieber einmal auch eine Frau den Olymp einer beruflichen Topposition erklimmen.

Unser Job: Ein bisschen mehr Verantwortung, eine etwas wichtigere Position, da blähen wir animalisch unser Ego auf, stellen uns dar als denjenigen, der seinem Chef gerade einmal die Meinung so richtig gegeigt hat. Na, der hat ganz schön gestaunt. Oder war es vielleicht doch ein wenig anders?!

Wir lügen andere bewusst an und uns selbst in die Tasche. Leichte Wahrnehmungsverzerrungen sind normal, Wahrheitsausblendungen gehören quasi zum Job. Da lebt eine 30 000-Mann-Unternehmung schon einmal nur von einem Projektleiter, der in der Darstellung zum Supermann avanciert.

Männer in Sport und Freizeit: Nach einem Wochenende des Müßiggangs mutieren die konsumierten Kalorienpakete zu verbalen Power-Riegeln. Aus dem Sporterlebnis vor dem Fernseher generieren wir die rekordträchtige Leistung bei einem (eher mäßigen) Jogginglauf. Tiger Woods spielt gegen uns die ganz einfachen Puts schon fast wie ein Schuljunge. Ach ja, ich habe übrigens dem ehemaligen Tennisprofi Michael Stich Lehrstunden erteilt und rund 40 andere Olympiateilnehmer, Weltmeister und Nationalkadermitglieder aus unterschiedlichen Bereichen vom Segeln bis zum Bobfahren trainiert. Mein Typ? 1,75 groß, geballtes Power-Paket mit knapp 70 Kilo. Gut, also genau 74,5 Kilo. Also, Fakt ist, diese Spitzensportler kommen bei mir ganz schön ins Schwitzen beim Kräftemessen.

Sicher ist es unwichtig, dass ich dabei weder das Racket beim Tennis schwang noch das Segel aufgerichtet habe. Zugegeben, ich habe sie nur für Fernsehauftritte gecoacht. Doch wie gesagt: Sie haben ganz schön Schweiß gelassen.

Männer in der Partnerschaft: Treu und loyal sind wir ebenfalls, dem Heimchen am Herd eine notwendige und erfolgsgewohnte Stütze.

Beiläufig fast zeichnet sich dann bei Nachfragen ein anderes Bild. Der zwanzigjährige Sohn rebelliert, die erwachsene Tochter straft mit Verachtung: «Papa, du warst die letzten Jahre auch nicht verfügbar, als ich dich brauchte, jetzt kann ich mein Leben auch ohne dich bestens meistern.»

Bleibt quasi dann noch die Geliebte, die dem «Prinzip Hoffnung» (Ernst Bloch) verschrieben ist und darauf wartet, dass wir irgendwann doch einmal Mut finden, aus dem Jammertal auszubrechen, und «reinen Tisch machen», anstatt die prekäre Situation unter den Teppich zu kehren.

Aber die Geliebte wird dann nur dem Freund gebeichtet und das wiederum in einer Darstellung des Platzhirsches und tollen Hechts, den wir so gerne abgeben würden. Die Damenwelt liegt uns zu Füßen – wobei das Mannsbild auf dem Sockel der Eitelkeit nicht nur Risse aufzeigt, sondern bröckelt, ja, in der ruhigen Stunde zerbröselt. Staub bist du und zu Staub wirst du werden. Setzt doch der Abgang bereits tagtäglich ein, wobei wir noch vegetierend mit Lügen dagegenhalten.

Erbärmlich anscheinend die weiblichen Ausgaben der Menschheit. Lügen sie doch allen Ernstes beim Alter, wo für uns Männer nur die Reife und Lebenserfahrung zählt. Gewichtsangabe? Wo Frauen lügen, beweisen wir ausschweifendes Leben eines Lebemannes. Jedes Pfund ist Lebenserfahrung, Speckpolster eines harten Tages. Und in der Partnerschaft steht bei Frauen ganz oben die Orgasmuslüge – dort, wo wir prä- und postpotent unseren Mann stehen und Macht Potenz symbolisiert.

Sag die Wahrheit – nichts schwerer als das. Und doch, stützen uns die Wissenschaftler, ist das Talent, die Kunst zur Täuschung sogar ein Zeichen der Intelligenz. Das Zauberwort lautet *Mentiologie*, Lüge steckt bereits in unseren Genen, die phänomenale Entwicklung unseres großartigen Gehirns war nur durch den so genannten Prozess des Kodierens und Dekodierens von Lug und Trug, Wahrheit und Lüge, Halbwahrheit und gezielter Desinformation möglich.

Notlügen, Selbsttäuschungen oder Verkohlen und der gute Ton der Halbwahrheit – das Kaleidoskop ist so facettenreich, wie die Notwendigkeit des Lügens sich qualifizieren lässt. «Let's lie it.com» – der Erfolgsfaktor des modernen Menschen.

«Der Ehrliche ist der Dumme», resümierte unlängst Ulrich Wickert und postulierte eine prähistorische Gradlinigkeit. Übersah er denn nicht, dass der Wahrheit unnötige Streitgespräche und überflüssige Diskussionen, zahlreiche Konflikte und überdrüssige Dialoge entsprangen? Dass – allen Ernstes – jeder Wahrheit ein Rattenschwanz von Rechtfertigungen folgt und jede offensichtliche Wahrheit düpieren kann und noch mehr Wahrheiten einfordert?

Ein Beispiel:

«Du fragst, ob es mir geschmeckt hat? Hast du mich überhaupt gefragt, ob du kochen kannst? Warum fragst du nicht, wie mir deine Kochversuche zum Halse heraushängen und jedes Mal auf den Magen schlagen? Habe ich denn eine Wahl zum obligatorischen Ja? Warum verschlinge ich dort, wo ich kann, am liebsten die Currywurst mit Fritten?»

Der innere Dialog lässt sich kaum stoppen, die Zunge fertigt unser Überkochen ab, und doch lautet die Antwort: «Toll, wirklich toll!» Nicht, dass ich dich, geliebtes Heimchen am Herd, nicht aufrichtig liebe, aber ist es nicht ein Zeichen meiner erfüllten Liebe zu dir, dass ich über das Schweigen hinaus sogar – lüge?!

Manchmal jedoch liegen Wahrheit und Lüge auch wiederum sehr eng beieinander. So sitzt Barbie Haller mit damals 24 Jahren als jüngste Frau im FDP-Bundesvorstand im Bundestag. Schallendes Gelächter erntete sie, als sie bei der Kandidatenvorstellung den Delegierten glaubhaft verbal hörbar versicherte: «Ich bin Jungfrau und ...» – in Wirklichkeit war es eine gewollte Karikierung des FDP-Quotendenkens, nämlich mit einem Komma dazwischen: «Ich bin jung, Frau und Anhängerin der Stuttgarter Kickers.»

Tipp:

Lernen Sie, Schlagfertigkeit als Ausweis Ihrer gereiften Persönlichkeit einzusetzen.

Übung: Doppeldeutigkeiten schlagfertig einsetzen!

Inszenieren Sie bitte einmal ein Gespräch, welches nur auf Doppeldeutigkeiten, so genannten Ambiguitäten fußt. Hier einige Beispiele:

«Verstehen Sie nur Bahnhof?»

«Der Zug ist doch für Sie bereits abgefahrn!»

«Soll ich Sie mal auf die Schiene setzen?»

«Solange Sie das nicht wie bisher nur eingleisig verstehen!»

«Sehen Sie denn überhaupt Licht am Ende des Tunnels?»

«Na, Sie haben jedenfalls das Signal übersehen!»

«Wollen Sie wieder auf den fahrenden Zug aufspringen?»
«Besser jedenfalls, als wie Sie Prellbock im Team zu sein!»

«Das Gespräch sollte sich Zug um Zug entwickeln!
«Gerne, aber bitte im D-Zug-Tempo!»

«Dieser Punkt steht heute aber nicht auf dem Fahrplan!»
«Richtig, aber jetzt sind Sie am Zug!»

Hier sehen Sie das Umfeld «Bahnhof» als Doppeldeutigkeit ausgeleuchtet. Bitte probieren Sie sich nun in Doppeldeutigkeiten, viel Spaß!

Ihr Themenfeld: «Die Jagd!»

Ihre Vorgabe: «Na, haben Sie wieder einen Bock geschossen?»

Tragen Sie Ihre Antwort unten ein oder nehmen Sie sich bitte ein separates Blatt Papier!

Ein anderes Themenspiel. Ergänzen Sie die Vorgaben:

Wie verabschieden sich die Teilnehmer eines Ärztekongresses?

Der Augenarzt: «Wir sehen uns!»

Der Ohrenarzt: «Lasst mal wieder von euch hören!»

Der Tierarzt: «Ich mach jetzt die Fliege!»

Der Gynäkologe: «Bis die Tage!»

Der Dermatologe: «Haut ab!»

Der Chirurg: «Lasst uns endlich einen Schnitt machen!»

Denken Sie sich Verabschiedung und Antwort aus:

Der Urologe:

Der Allgemeinarzt:

Diese Übung können Sie selbstverständlich auch mit einem Partner zu beliebigen Themen fortsetzen. Viel Spaß dabei ... Mit einem weiteren *Beispiel:*

Wo geht es denn hier zum Flughafen?

Der Suchende in einer fremden Stadt fragt einfach: «Wo geht es denn hier zum Restaurant Rosella?

Es antworten ihm die «Wissenden» folgendermaßen:

- *Der Gesprächstherapeut:* «Was bewegt Sie denn zu erfahren, wo dieses Restaurant sein könnte?»

- *Der Transaktionsanalytiker:* «Bitte beschreiben Sie zunächst Ihren Ich-Zustand, damit wir Aufschlüsse über Ihre bisherige Suche erhalten!»
- *Der Verhaltenstherapeut:* «Beginnen wir also mit dem ersten Schritt. Sie heben Ihren rechten Fuß, bewegen ihn nach vorn. Setzen Sie ihn ruhig auf, sehr, sehr gut, hier schon einmal ein Lollo zur Belohnung, Sie sind auf dem Weg!»
- *Der Coach:* «Es bringt Ihnen überhaupt nichts, wenn ich Ihnen nun die Lösung vorgebe, wie also wollen Sie nun bei der Suche nach dem Speiselokal vorgehen, welche Widerstände erwarten Sie, und welche Netzwerke sind Ihnen behilflich?»
- *Der Psychoanalytiker:* «Sie beziehen sich auf diesen kulinarischen, verführerischen Tempel, wo Sie sich etwas langsam reinschieben wollen, dann die Gabel genüsslich rausziehen, rein, raus?!»
- *Der Gestalttherapeut:* «Steh zu deiner Stärke. Lass es zu, du willst zu diesem Restaurant. Nur zu diesem.»
- *Der Kurzzeittherapeut mit NLP-Ansatz:* «Stellen Sie sich nun vor, Sie sind bereits beim Restaurant angekommen, verfolgen Sie bitte den Weg nochmals zurück!»
- *Der Hypnosetherapeut:* «Ganz langsam schließen Sie die Augen, es wird dunkel. Ganz dunkel. Entspannen Sie sich nun, Ihr Unterbewusstsein weiß mehr, was sagt es Ihnen über den Weg zum Restaurant?»
- *Der Strategieberater:* «Sie stellen die falsche Frage. Ihre Frage muss lauten: Welche strategischen Einflussfaktoren muss ich kennen, die diesen Weg beeinflussen? Welche kann ich beeinflussen, welche bestimmen meinen Weg? Legen Sie sich dann eine Strategie für Ihre Zielfindung fest. Definieren Sie Ihr Ziel genauer, fokussieren Sie den Zielort.»
- *Der Tiefenpsychologe:* «Sie haben eine Festlegung. Seit wann verfolgt Sie dieser Traum, das Restaurant auf jeden Fall besuchen zu müssen?»
- *Der Zeitmanagementtrainer:* «Welche Priorität besitzt der Restaurantbesuch, welche Zeitpuffer haben Sie eingeplant und wie liegen Sie im Zeitplan?!»

- *Der Provokationstherapeut:* «Sie suchen nun vergeblich schon eine lange Zeit, warum finden Sie Ihr Ziel nicht? Was können Sie denn besser machen?»
- *Der Moderationstrainer:* «Lassen Sie uns die möglichen Lösungsansätze mit der Metaplan-Technik abbilden. Beschriften Sie bitte die Kärtchen mit diesen, und dann entscheiden wir uns für ein vernünftiges Cluster, vollziehen den Lösungsprozess nach und sichern das Ergebnis!»
- *Laufpapst Dr. Ulrich Strunz:* «Warum joggen Sie nicht einfach bei kontrolliertem Puls? Finden Ihr lokales Ziel, setzen sich dann ein neues Ziel. Die Strunz-Diät! Übrigens gibt es dazu verschiedene Bücher von mir zu den jeweiligen Themen, unterstützen müssen Sie das aber mit den entsprechenden Vitaminen und Mineralien – was sagt Ihnen denn ‹Selen›?»
- *Der Reinkarnationstherapeut:* «Gehe nochmals gedanklich in die Zeit vor deiner Geburt. Hast du dieses Lokal bereits einmal aufgesucht? Wer warst du? Was warst du? Welches Karma hat dich beschützt?»
- *Der Verkaufstrainer:* «Für diesen Zustand der totalen Orientierungslosigkeit bietet Ihnen jedes moderne Navigationssystem eine erstklassige Lösung, mieten Sie doch für den Weg einen Wagen!»
- *Der Manager:* «Bitte verplempern Sie nicht die Zeit mit der Beschreibung von Problemen, handeln Sie endlich, gehen Sie los!»
- *Der Familientherapeut:* «Welchen sekundären Erfolg erwartest du bei der Beantwortung dieser Frage? Wen möchtest du treffen? Erwartest du eine intensivere Beziehung? Wünschst du dir eine langfristige emotionale Verfangenheit? Kennst du aus eigener Erfahrung den Ödipus-Komplex?»
- *Der Bioenergetiker:* «Mach einmal ‹Hoooch, Haaach, Huuch›! Erlebe deine Energie, nutze sie für die Wegfindung. Du schaffst es aus deinem Inneren heraus. Was verspürst du nun?!»
- *Der Soziologe:* «Wie spiegelt sich in dem Restaurant denn unsere Klas-

sengesellschaft wider? Mussten Sie sich anmelden, einen Tisch reservieren? Welche Preiskategorien weisen die Gerichte auf, kommen Sie in normaler Straßenkleidung überhaupt rein?»

Sie sehen, ein interessanter Ansatz, der unsere Schubladen und Klischees direkt abbildet.

Der oben aufgezeigte Ansatz ist angelehnt an den «Trainer-Pressespiegel», herausgegeben von Martin Pichler.

Denkanstoß I:

Bitte beachten Sie, dass die Sprache sehr facettenreich ist, ein riesiges Potenzial an Sprachvielfalt ausdrückt. Sind Sie sich dessen bewusst?

Ein Beispiel:

Sender und Empfänger haben ein Missverständnis. Hier nun die Kommentarmöglichkeiten. Von «weich» formuliert bis «eisenhart»:

- «Dann habe ich mich wohl falsch ausgedrückt!»
- «Dann ist es falsch rübergekommen!»
- «Dann haben Sie es falsch verstanden!»
- «Dann wollen Sie mich falsch verstehen!»

Also: Denken Sie daran – drücken Sie Ihr Empfinden genau aus – oder lassen Sie es direkt!

Denkanstoß II:

Zuhören hat drei unterschiedliche Facetten, wir differenzieren:

- richtiges Zuhören,
- genaues Zuhören,
- analytisches Zuhören.

Richtiges Zuhören bedeutet, seinem Gesprächspartner mit verbalen, paraverbalen und nonverbalen Signalen zu verstehen geben, dass der Inhalt ankommt.

Genaues Zuhören heißt differenziertes Zuhören, Erfassen der einzelnen Worte und Aussagen, Erkennen der Inhalte.

Analytisches Zuhören bildet das «Zwischen den Zeilen lesen» ab, also den Sinn und die tiefenpsychologische Bedeutung der Aussagen zu erfassen.

Übung: Lügen verboten!
Sagen Sie die Wahrheit!

Ein- bis zweihundert Mal tagein, tagaus nicht lügen zu dürfen (oder zu müssen) – suchen Sie sich eine Situation, Konferenz oder Geburtstagsfeier, Stammtischgespräch oder abgesprochenes Rollenspiel mit wirklich guten Freunden, die auch dann zu Ihnen halten, wenn Sie einmal die Wahrheit sagen.

Als Spielregeln räume ich Ihnen gerne ein, doch lügen zu dürfen, sensibilisieren Sie sich trotzdem an diesem Punkt. Sie entscheiden.

Gestalten Sie Ihren «Lügen»-Kalender.

- große Lügen
- kleine Lügen
- Notlügen
- gezielte Desinformation
- Halbwahrheiten
- bewusste Unwahrheiten
- erzwungene Lügen
- blödsinnige Lügen
- «verkohlt»

Aus Spaß – sammeln Sie bitte einmal – überprüfen Sie sich!

Tipp:

Jemanden zu belügen, weist die gleichen Kriterien wie Überzeugungsarbeit aus.

Die Techniken sind wertneutral, die Intention entscheidet.

Lernen Sie nicht, **besser** zu lügen. Stärken Sie aber Ihre Überzeugungskraft.

Die nachfolgenden Kriterien sichern Ihnen für Vorträge, Präsentationen und Gespräche Ihre Überzeugungskraft.

Entstanden sind diese Kriterien aus etwa 25 Seminaren zum Thema «Provokative Rhetorik II – Manipulation und Lüge!». – Allen Teilnehmern für die Überprüfung ein herzliches Dankeschön.

Kriterien für Überzeugungskraft: Wiederholung von wichtigen Aussagen «verankert» diese

- **Konsequenter Blickkontakt** – von Anfang bis Ende der jeweils wichtigen Aussage liefert Überzeugungskraft. Danach darf der Blick aufgegeben werden, ansonsten leidet die Glaubwürdigkeit.
- **Sprechbegleitende Signale** («Druck beim Sprechen, Anspannung, Aufseufzen») entscheiden über die Wirkung, in Stresssituationen kontrollieren Sie bitte Ihre Sprechgeschwindigkeit, setzen diese bei Stresssymptomen gegebenenfalls runter. Ein zu schnelles Sprechen bewirkt den Eindruck des Gehetztseins – und des Zweifels.
- Kontrollieren Sie bitte die **Harmonie** zwischen Bewegung, Stand oder Sitzhaltung und Mimik, üben Sie bei wichtigen Auftritten gerne einmal vor dem Spiegel.
- **Saubere und klare Formulierungen** überzeugen, sprechen Sie sich wichtige Argumente oder Redesequenzen mehrmals laut vor. Erst das laute Vortragen schleift Formulierungen ein. Und nur diese wirken über-

zeugend. Zumindest Ihre wichtigen Botschaften müssen unmissverständlich formuliert sein.

- Setzen Sie bei wichtigen Rede- und Gesprächssequenzen **Wirkungspausen** ein. Diese erleichtern die Nachhaltigkeit der Aussage.
- Beurteilen Sie bitte die **Notwendigkeit bei Erklärungen**. Geschilderte Erfahrungen verlieren an Glaubwürdigkeit, wenn die Detailgenauigkeit der Schilderung zu breit wird («Erklärungszwang» – Rechtfertigung und Zweifel).
- **Fokussieren** Sie bitte Ihre Botschaften, verwässern Sie diese nicht durch unnötige Nebenthemen und Herumreden.
- **Grenzen Sie Aussagen immer richtig ab:** «Nicht Lösung zwei, sondern Lösung eins gilt es zu präferieren!» Die negative Abgrenzung gehört nach vorne, die richtige Botschaft steht hinten in der Aussage.
- Fügen Sie notfalls auch zur Erkärung den jeweiligen **Terminus technicus** ein, umschreiben Sie ihn vorher aber. Die genaue Begrifflichkeit weist den Experten aus.
- Verzichten Sie auf **Schmeicheleien**, diese wirken häufig aufgesetzt und erwecken Zweifel: «Da er uns nicht überzeugen kann, schmeichelt er uns jetzt!»
- Beschreiben Sie bei wichtigen, aber nicht plausibel klingenden Aussagen, die Zweifel aufkommen lassen könnten, den genauen **Kontext**. Dies erleichtert die Einordnung von überraschenden Aussagen.
- Weniger ist mehr, nicht viele Argumente, sondern dosierte **gute Argumente**, die Sie penetrieren, steigern die Glaubwürdigkeit.

Tipp:

Diese Kriterien liefern Ihnen auch zugleich die Möglichkeit, Aussagen der Gesprächspartner auf Wahrheitsgehalt abzuklopfen! Nutzen Sie diese.

Gelieferte «Fakten» können wir in Gesprächen selten überprüfen, aber die Art, diese vorzutragen, gibt uns einen Aufschluss für die Wahrscheinlichkeit der Plausibilität.

Und so decken Sie mutmaßliche Lügen auf oder checken die Glaubwürdigkeit gegen:

- Nachfragen präzisiert die Aussage des Gegenübers, alternativ setzen Sie bitte Appelle ein, siehe dazu das Kapitel Appelle (Seite 197).
- Wechseln Sie bei Zweifel oder Unsicherheit von der Sach- auf die emotionale Ebene, lassen Sie sich Gefühle oder persönliche Eindrücke schildern.
- In kritischen Fällen sprechen Sie es an, dass Sie dem Gesagten keinen Glauben schenken. Begründen Sie es genau.
- Verwenden Sie einen «Paradigmenwechsel», einen Rollentausch. Konfrontieren Sie Ihr Gegenüber mit einer Aussage wie dieser: «Versetzen Sie sich einmal in meine Situation, würden Sie dem Gesagten Glauben schenken?»
- In ganz krassen Fällen behaupten Sie einfach: «Das kann nicht stimmen!»

Vermeiden Sie Sprachlosigkeit in allen Situationen, behalten Sie das Ruder in der Hand!

Das Schlimmste, was Ihnen passieren kann, ist, dass Ihnen jemand während einer Präsentation tatsächlich das Ruder aus der Hand nimmt.

Ein Beispiel:

Totale Sprachlosigkeit bei einer Präsentation schilderte mir ein Teilnehmer des Seminars «Crashkurs Rhetorik», der vor einer Führungsrunde ein etwa zwanzigminütiges Thema abzuhandeln hatte.

Nach knapp zehn Minuten, so sein Erlebnis, stand der Vertriebsvorstand auf und sagte. «Danke, Herr Sowieso, Sie können sich jetzt setzen, ich werde das Thema kurz beenden und fasse das Ende Ihrer Präsentation zusammen.»

Der absolut irritierte Teilnehmer setzte sich, und der Vorstand redete eine geschlagene halbe Stunde über das Thema, ohne irgendwelche neuen oder wichtigen Erkenntnisse anzusprechen.

«Am liebsten wäre ich unter den Tisch gekrochen», erklärte mir mein Seminarteilnehmer, «vor allem, als ich die hämischen Blicke der anwesenden Führungskräfte sah!»

Die Lösung wäre denkbar einfach gewesen, nämlich eine konsequente und souveräne Formulierung, beispielsweise wie diese: «Danke, Herr Vorstand, doch das Ende lässt sich kurz in drei Sätzen sagen, nämlich ...!»

Nie wieder sprachlos, ein Herzenswunsch des erfolgreichen Abteilungsleiters, doch dafür muss man sich Muster im Kopf erarbeiten, denn solche sprachlosen Situationen prägen. Müssen aber nicht sein.

Tipp:

Lassen Sie sich niemals das Ruder aus der Hand nehmen, Sie verlieren Ihr Image und Ihr Profil. Es geht um Sie!

Falls Sie bereits ähnliche Situationen erlebt haben, arbeiten Sie diese auf, überdenken Sie Ihre Reaktionen, legen Sie sich Alternativantworten zurecht.

«Entschuldige dich gefälligst» – das Kalkül geschickter Reue

Unser Entschuldigungsverhalten entwickelt sich zum öffentlich zelebrierten Ritual für alle diejenigen, die im Licht der Öffentlichkeit stehen. Gerade auch Politiker fallen heute durch eine Flegel-(Un-)Kultur auf, die an Umgangsformen pöbelnder Schulklassen erinnert. Zugleich jedoch kompensieren sie dieses rüde Verhalten mit der Notwendigkeit scheinbar überzeugender, «deeskalierender» Beruhigungsrituale (Irenäus Eibl-Eibesfeldt).

Dabei korrespondieren das öffentliche Bedauern auf öffentlichen Druck hin mit einer gewollten und mitunter bereits im Vorfeld einkalkulierten Reue.

Natürlich – Entschuldigungen sollten keine hohlen Gesten sein, sondern erleichtern das Miteinander im sozialen Gefüge, sind Schmieröl im sozialen Getriebe.

Ohne Konflikte geht es nicht – zugleich jedoch müssen Regelverstöße in einer Gruppe entweder hart bestraft und geahndet werden oder nach festgelegten, akzeptierten Regeln durch Versöhnungsakte gesühnt werden. Nicht, dass Politiker in Zukunft, wie bei höheren Primaten Usus, durch Beruhigungsrituale animiert, sich gegenseitig das Fell lausen müssen, aber häufig sind Entschuldigungskampagnen vergleichbar mit einem plakativen Ritual wie dem Herzen und Küssen von Kindern bei Veranstaltungen.

So entschuldigte sich

- laut Nachrichtenmagazin «Focus» Umweltminister Jürgen Trittin bei CDU-Generalsekretär Laurenz Meyer, dem er nicht nur das Aussehen, sondern die «Mentalität eines Skinheads» attestiert hatte;
- ebendieser Laurenz Meyer bei Bundeskanzler Gerhard Schröder, der auf einem umstrittenen Plakat zum Thema «Rentenbetrug» quasi mit «Fahndungsfotos» dargestellt worden war (böse!); hätte sich die Imageberaterin, die einen Rechtsstreit um das Färben der Haare bei Kanzler Schröder auslöste, den dieser gegen eine Nachrichtenagentur gewann, entschuldigen können, «dass er nicht nur hinsichtlich der Haare farblos» sei;
- Jenny Elvers bei ihrem neugeborenen Sohn Paul, dass sie auf zu viel Publicity gesetzt hätte;
- die Moderatorin Linda De Mol bei allen Deutschen, nachdem sie die deutsche Nationalhymne als «een rot lied» («Scheißlied») bezeichnet hatte;
- Jürgen Möllemann bei den Juden für seine undifferenzierten Aussagen, die er jedoch als zu reflektieren stehen ließ;
- Ernst August von Hannover bei dem türkischen Volk, nachdem er sich an der Fassade des türkischen Pavillons hatte erleichtern müssen;

- Bundeskanzler Gerhard Schröder bei den Lehrern, die er als noch niedersächsischer Ministerpräsident «faule Säcke» genannt hatte; warten müssen noch die Arbeitslosen auf diese Entschuldigung, er hatte gewarnt, dass es «kein Recht auf Faulheit» gebe, selbst wartet Schröder nun auf eine Entschuldigung seitens des Politikers, der ihn in einer Talkshow «Knilch» genannt hatte (Möllemann);
- Boris Becker bei Exfrau Barbara für seinen Fünf-Sekunden-Fehler, als er seine schwangere Frau betrogen hatte …

Beispiele gibt es nun noch viele andere. Aber: ein erhobener Vorwurf, eine öffentliche Beschimpfung gehört zur «Modern Art of Publicity», die Entschuldigung weicht es auf. Die Aussage hallt nach.

Denken Sie an die vielen bewussten Zumutungen, die ganz harmlos eingeleitet werden mit Worten wie «Entschuldigung, dass ich Sie unterbreche!» – hier nehmen wir das Wort «Entschuldigung» als ein wohlgefälliges Reizwort auf, um unser Ziel zu erreichen.

Gezielte Gegenreaktionen können sein:

- *hart:* «Nein, ich lasse es nicht zu!»
- *weich:* «Gerne (Reizwort!), lassen Sie mich jedoch vorher noch Folgendes sagen …»
- *konsequent und aufdeckend:* «Warum entschuldigen Sie sich für etwas, was Sie bewusst tun?»

Spielen Sie auch auf der sprachlichen Ebene, es zeigt, dass Sie auch einmal souverän neben sich stehen

Kinder spielen mehr mit den Möglichkeiten der Sprache, wir Erwachsenen sind immer so schön (stöhn!) sachlich …

Ein Seminarteilnehmer, der zwischen den beiden Tagen zum Seminar «Nie wieder sprachlos!» bei der West LB Akademie Schloss Krickenbeck zu Hause nächtigte, erklärte am zweiten Tag zu Beginn, er hätte meine witzige Frage: «Warum legen Hühner Eier?» zu Hause an seine Kinder weitergegeben.

Natürlich: Die Teilnehmer hatten nämlich wissenschaftlich, naturwissenschaftlich, hochwissenschaftlich mehrere Minuten darüber philosophiert und disputiert, bis ich die Pointe auflöste.

Kinder sind von Kindesbeinen an witziger, spritziger und schlagfertiger als Erwachsene, wahrscheinlich deshalb, weil sie erst noch lernen müssen, sich anzupassen und Fragen immer ernsthaft zu beantworten. Mein Teilnehmer war jedenfalls hin und weg, denn als er die Frage an seine zwei Halbwüchsigen weitergab, kamen sie relativ schnell auf die witzige Pointe, vielleicht einfach, weil ihnen die biologisch-naturwissenschaftliche Lösung zu schwierig war. Sie antworteten nämlich nach relativ kurzer Zeit mit verschmitzten Gesichtern: «Warum die Hühner Eier legen? Ist doch klar, würden sie sie werfen oder fallen lassen, gingen sie doch kaputt! Ist doch logo, Paps, oder?!»

Wer Witz hat, ist auch schlagfertig. Und Lachen ist gesund.

Tipp:

Gemeinsames Lachen stiftet Beziehung, vertieft Beziehungen und den «emotionalen Draht» zum Gegenüber, verlassen Sie deshalb auch einmal die Sachebene, zeigt es doch auch Souveränität auf!

Übung:

Querbeet durch Kraut-und-Rüben-Aussagen verschärfen

Nachfolgend finden Sie unterschiedliche Aussagen, die im jeweiligen Kontext zwar Sinn gemacht haben, aber alle eine Gemeinsamkeit aufweisen: Sie sind «relativ gut», markieren aber keine verbale «Poleposition».

Schärfen Sie bitte die Aussagen nach:

Beispiele:

Ich möchte Ihnen da etwas näher ausführen …
Explizit heißt das …
oder: *Um es auszuführen …*

Lassen Sie mich die Frage neu formulieren …
Die Frage muss lauten …
oder: *Anders formuliert lautet die Frage …*

Können Sie sich vorstellen, dass Sie als Marlboro-Mann …?
Stellen Sie sich vor, Sie sind …
oder: *Also, Sie sind als …*

1. Wir suchen nach «best practice», versuchen dabei …

____

2. Was ich darstellen wollte …

____

3. Wir sind eine klassische Werbeagentur, wir bieten Ihnen alles an.

____

4. Unsere wichtigste Aufgabe besteht darin, den Markt komplett zu betrachten.

____

5. Wir haben es geschafft, uns in einem 100-Millionen-Dollar-Markt mit nur einem Wettbewerber, nämlich der Firma Meier GmbH & Co. KG, zu positionieren.

---

6. Ich möchte Ihnen heute unsere Gesellschaft, die Müller GmbH, präsentieren …

---

7. Unser Motto lautet: Alles aus einer Hand.

---

8. Man könnte ja glauben, dass …

---

9. Unsere Kunden bestätigen uns sogar häufiger, dass …

---

10. Unsere Produkte haben eine hohe Lagerkostenintensität.

---

11. Als ein bereits einhundertjähriges Unternehmen …

---

12. Wir praktizieren dabei Kundennähe.

13. Wir helfen dabei unseren Kunden.

14. Sicherlich entsteht dabei der Eindruck, dass wir betriebsblind sind.

15. Sie, liebe Zuhörer, verbindet dabei ein gemeinsames Problem …

16. Wir verlieren nicht viele Mitarbeiter.

17. Eigentlich sind wir darauf spezialisiert …

18. Wir bemühen uns konsequent darum, Ihnen wirklich guten Service zuteil werden zu lassen.

19. Sicher wissen Sie nicht …

20. Ihnen fällt schwer, zu verstehen, dass es wichtig ist …

____

21. Ich denke mal, dass …

____

22. Kundennähe ist für uns natürlich kein Fremdwort.

____

23. Haben Sie überhaupt einmal darüber nachgedacht …

____

24. Als Laien wissen Sie wohl nicht …

____

25. Ich glaube, dass ich Ihnen damit helfen kann.

____

Mögliche Lösungen:

Zu 1: Wir praktizieren «best practice».
Zu 2: Ich habe dargestellt, dass…
Zu 3: … bieten Ihnen alles aus einer Hand.
Zu 4: … besteht darin, Markt mitzugestalten.
Zu 5: Wir haben es geschafft, uns, die Firma XYZ, in diesem Markt «top» zu platzieren.

Zu 6: Ich präsentiere Ihnen …
Zu 7: Unser Motto, das wir täglich umsetzen, lautet …
Zu 8: Man könnte fälschlicherweise glauben …
Zu 9: … was uns häufig seitens unserer Kunden bestätigt wird.
Zu 10: Die Lagerkostenintensität relativiert sich durch …
Zu 11: Als ein modernes Unternehmen mit einhundertjähriger Marktkontinuität …
Zu 12: Praktizierte Kundennähe ist dabei die Basis.
Zu 13: Wir begleiten dabei …
Zu 14: Betriebsblindheit? Nein!
Zu 15: … verbindet dabei eine gemeinsame Fragestellung.
Zu 16: Wir haben eine sehr hohe Logistik, dokumentiert durch langjährige Mitarbeit.
Zu 17: Wir sind bekannt als Spezialist für …
Zu 18: Wir unterstreichen das durch einen bekanntermaßen hervorragenden Service.
Zu 19: Wenn Sie sich fragen, ob …
Zu 20: Wichtig ist …
Zu 21: Fakt ist …
Zu 22: Kundennähe ist deshalb für unser Tun das A und O.
Zu 23: Sie haben sich sicherlich bereits einmal gefragt …
Zu 24: Für Branchenkenner gilt …
Zu 25: Mein Vorschlag deshalb …

Tipp:

Gehen Sie Ihre nächste Rede oder Präsentation einmal konsequent nach solchen Formulierungen durch:

- Formulieren Sie Vorwürfe in Fragen um.
- Verwenden Sie statt Glaubensaussagen Fakten schaffende Aussagen. Streichen Sie relativierende Aussagen.
- Fokussieren Sie Ihre Aussagen auf Ihre Person oder Ihr Unternehmen.

Trauen Sie Ihren hart erarbeiteten Ergebnissen

Allzu leicht lassen sich Präsentatoren durch geschickte Einwürfe aus der Bahn werfen.

Bleiben Sie bei Ihren recherchierten Ergebnissen, stehen Sie die Konfrontation durch, es geht um Ihre Glaubwürdigkeit und Souveränität.

Ein Beispiel:

Ein Beratungsunternehmen, zu dem ich bei verschiedenen Implementierungsansätzen in Klientensituationen ein sehr enges Verhältnis entwickelt habe, ist Bain & Company, ein sehr renommiertes und profiliertes Unternehmen. Einer der Consultants berichtete kürzlich von einer sehr heiklen Präsentation im so genannten «Beauty Contest», quasi einem inhaltlichen Schönheitswettbewerb der Berater. Dort präsentieren sich verschiedene Unternehmensberater beim Kunden in einer Endausscheidung.

Da jeder Geschäftsführer oder Vorstand allerdings seinen Lieblingsberater engagieren möchte, kommt es häufiger vor, dass die sich präsentierenden Berater verbal angeschossen werden. So auch im geschilderten Fall.

Mitten in der Präsentation kickt eine Führungskraft, die zuvor einige Jahre für einen Beratungs-Wettbewerber gearbeitet hat, den präsentierenden Bewerber an, indem er auf eine Folie zeigt und behauptet: «Die dort aufgeführte Zahl ist falsch. Die Zahl, die dort stehen müsste, ist ein Drittel des Umsatzes, den IBM weltweit pro Jahr erwirtschaftet. Wissen Sie, wie hoch der Umsatz ist?» Betretenes Schweigen auf der Beraterseite, da die recherchierte Zahl genau war.

Also fuhr der Provokateur fort: «Da müsste die Zahl x stehen.»

Der perplexe Berater revidierte nun irritiert und sprachlos seine fundierte Zahl.

Was für ein Spiel! Nichts wäre leichter gewesen, als schlagfertig zu kontern: «Der Umsatz von IBM weltweit? Ist nicht relevant, setzen wir deshalb konsequent auf unsere Forschungsarbeiten. Und deshalb steht diese Zahl ja dort!»

Das Spiel wäre gelaufen gewesen, Schlagfertigkeit hätte gesiegt. Doch Drucksituationen sind nur dann zu meistern, wenn die Muster vorher angelegt werden.

«Nie wieder sprachlos!», schwor sich auch der Berater.

Übrigens, seine Zahl war richtig – er wusste nur nicht, wie er es darstellen sollte –, und den Auftrag bekam er. Trotz des Malheurs.

Tipp:

Vertrauen Sie in Ihre Arbeit und Ihre intensiven Recherchen, lassen Sie diese nicht durch spielerisches Hinterfragen aufweichen.

Übung: Schlagfertigkeit ist trainierbar!

Nachfolgend sind einige Aussagen aufgeführt, die Sie bitte locker replizieren, auf die Sie also schlagfertig antworten.

Lassen Sie sich Zeit, besser eine gute Antwort später als eine schlechte verfrüht, denken Sie nach und verstehen Sie das Muster. Zur Vereinfachung sind wesentliche Worte unterstrichen.

Beispiele:

«Da kann man geteilter Meinung sein!»

Schön, dann teilen Sie einfach meine Meinung.

«Ich bin anderer Meinung»

O.k., dann schließen Sie sich bitte meiner an.

Jetzt sind Sie dran:

1. Wie viele Leute arbeiten in Ihrem Unternehmen?

____

2. Wie konnten Sie sich so lange in dem Job halten?

---

3. Wie könnte eine Frage lauten, die Sie direkt und kompetent beantworten können?

---

4. Ihr Unternehmen genießt einen schlechten Ruf, so wie ich gehört habe.

---

5. Das Problem habe ich das erste Mal im Zoo bei den Affen beobachtet!

---

6. Also, Sie können gegen die Berufung des Vorstandes natürlich Einspruch einlegen oder darauf verzichten!

---

7. Hallo, Herr Meier, Sie haben sich aber verändert!

---

8. Wird bei Ihnen auch vor dem Essen gebetet?

---

9. Unsere Tochter läuft nun schon seit vier Tagen.

10. Die Mineralölindustrie hätte bei Rembrandt lernen können.

11. Sollten Priester heiraten?

12. Warum legen Hühner Eier?

13. Na, hat denn deine neue Freundin mehr Busen als deine Exfrau?

14. Ich rauche jetzt bereits seit zehn Jahren nicht mehr!

15. Ess ich jetzt noch einen Nachtisch oder ess ich keinen mehr?

16. Herr Ober, ich hätte gerne noch ein Bier!

17. Na, Kollegen, trinken wir nach getaner Arbeit noch ein Bier zusammen?

---

18. Entschuldigung, das hier ist kein Speiselokal!

---

19. Na, welche Dinge stehen wohl diesmal auf dem Terminkalender?

---

20. Gesundheit! Haben Sie sich verschluckt?

---

21. Hallo, Herr Schulz, Sie wollen also wirklich demnächst heiraten? Wie heißt denn Ihre zukünftige Frau?

---

22. Will Ihr Verlag die Sparte Gesundheit und Kochen wirklich zusammenlegen?

---

23. Also, Herr Kollege, warum tragen Sie bei unserem Meeting eine Taucherbrille?

---

24. Also, ich habe eine fantastische Anti-Falten-Creme entdeckt!

____

25. Meine Kernkompetenz ist der Umgang mit Menschen!

____

Mögliche schlagfertige Lösungsvorschläge:

Zu 1: Ich hoffe, mehr als zwei Drittel!
Zu 2: Durch gesunde Ernährung!
Zu 3: Stellen Sie eine, ich werde sie wie die zuvor beantworteten Fragen ebenfalls kompetent beantworten.
Zu 4: Dann haben Sie sich verhört – Fakt ist: einen hervorragenden Ruf.
Zu 5: Und wie sind Sie da rausgekommen?
Zu 6: Dann verzichte ich auf die Berufung.
Zu 7: Stimmt, ich heiße auch nicht Meier.
Zu 8: Meine Frau kocht hervorragend.
Zu 9: Armes Kind, will es einen Weltrekord aufstellen?
Zu 10: Klar, der hat sein Öl noch teurer verkauft. Bildlich gesehen.
Zu 11: Ja, wenn sie sich mögen!
Zu 12: Wenn sie sie werfen, dann gehen sie kaputt!
Zu 13: Nein, auch nur zwei!
Zu 14: Aber auch nicht weniger am Tag.
Zu 15: Kenn ich: die ESS-ICH-Diät?!
Zu 16: Dann bestellen Sie sich doch eins.
Zu 17: Ein Bier für alle? Wird wohl kaum reichen!
Zu 18: Dachten wir uns, haben deshalb das Essen mitgebracht.
Zu 19: Montag, Dienstag, Mittwoch …
Zu 20: Danke – nein, denn sonst wäre ich ja wohl nicht hier.
Zu 21: Schulz – wie denn sonst?!

Zu 22: Ja, vom «Auflauf zum Einlauf» heißt dann die Sparte.

Zu 23: Damit Sie mir nicht wieder Sand in die Augen streuen bei dem neuen Projekt.

Zu 24: Und warum benutzt du sie nicht?

Zu 25: Kompliment, dann schlummert also doch noch etwas bei Ihnen im Verborgenen.

Diese Übung ist ein Mix aus allen Schlagfertigkeitstechniken. Es ist nicht wichtig, *wie* Sie selbst die Antworten empfinden, sondern *dass* Sie die Antwort finden.

TIPP:

Querdenken und abstrahieren ist angesagt!

Unterbrechen Sie konsequent Gesprächsentgleisungen!

Sobald Gespräche aus dem gesetzten Rahmen entgleiten, steigen wir in der Regel erst sehr spät ein. Aber je konsequenter und souveräner Sie bei einem verbalen Schlagabtausch einsteigen, je schneller und ideenreicher Sie agieren, desto einfacher werden Sie Ihren verbalen Aggressor beherrschen. Reagieren Sie verspätet oder anfangs nur irritiert, ist der Zug abgefahren. Je länger Sie im Schlagabtausch bleiben, desto geringer wird Ihre Chance sein, strahlender Sieger im Rededuell zu sein.

Ein Praxisbeispiel mag Ihnen diese Unterbrechung der Ablaufkette verdeutlichen. Vor etwa acht Jahren hatten wir ein intensives Messetraining für ein Unternehmen der holzverarbeitenden Industrie.

Die etwa hundert Teilnehmer waren von uns in einem rotierenden Verfahren auf vier Gruppen aufgeteilt worden, in denen wir themenspezifisch bestimmte Messeschwerpunkte bearbeiteten.

Jede Gruppe war etwa anderthalb Stunden bei einem Trainer, dann kam eine Pause, die Gruppe wechselte zum nächsten Themenschwerpunkt, und so weiter. Wir waren mit zwei Trainerinnen und zwei Trainern angetreten, und es entwickelte sich in einer Gruppe eine sehr starke Gruppendynamik.

Doch wohin mit all der Energie, mit all der Power, die man im Training aufbaut? Nun, nichts einfacher, als zuerst einmal das «standing» und die Kompetenz des jeweiligen Trainers infrage zu stellen und ihn auf die Probe zu stellen.

Eine Gruppe wurde immer aktiver. Sie schoss den ersten Trainer kräftig an, der zog sich noch relativ gut aus der Affäre, hatte er doch auch genug Erfahrung in solchen Gruppenprozessen.

Anschließend kamen die beiden Trainerinnen dran, eine relativ junge und noch zu wenig erfahrene Kollegin war nach ihrem Gruppentraining durch die vielen Verbalattacken den Tränen nahe, die Gruppe hatte sich extrem hochgeschaukelt.

Da sie immer wieder versuchte, mit Sachlichkeit den emotionalen Spitzen zu begegnen, war sie letztlich total ausgebrannt und mit den Nerven am Ende, die Gruppe war anderseits dadurch in Höchstform.

Da ich durch die Eindrücke der anderen gewarnt war, wartete ich mit Spannung auf die letzte Sequenz mit der Gruppe.

Ich stand allein im Seminarraum, die Tür ging auf, der Raum füllte sich mit den etwa 25 Teilnehmern. Kaum waren alle da, einige suchten sich Plätze, kam eine kleine Gruppe von fünf, sechs Teilnehmern auf mich zu. Langsam angeschlendert kommend, baute sich der Wortführer, der es bis dahin ziemlich doll mit den Trainerkollegen getrieben hatte, vor mir auf, die anderen standen im Halbkreis drum herum.

«Na, Dr. Bredemeier, ob wir denn wenigstens von Ihnen heute etwas lernen können?!», so zischte er seine provozierende Bemerkung zur Begrüßung hervor.

In der Kontaktphase verbal draufhauen oder nicht?, so schoss es mir kurz durch den Kopf. Ich entschied mich dafür:

«Hallo, ich hoffe, ich kann Ihrer mittelmäßigen Intelligenz, von der die Kollegen berichteten, Rechnung tragen!»

Der Rädelsführer stutzte, verbalisierte seine Denkpause mit «ähhh» und sagte verblüfft: «'tschuldigung, sollte ein Scherz sein.»

«Macht nichts», erwiderte ich, «meine Aussage war ja auch einer, aber nun lassen Sie uns anfangen!»

Es war – zugegeben – ein harter Ball, den ich dort zurück gespielt hatte, aber wir hatten einen Zugang durch dieses kleine Wortgefecht zueinander gefunden, die Ablaufkette war durchbrochen.

Sicher wissen Sie schon, was kam. Es wurde mit Abstand die beste und interessierteste Gruppe des Tages, mit viel Spaß und Humor arbeiteten wir unseren Themenschwerpunkt ab und überzogen dabei sogar noch eine gute halbe Stunde.

Fazit: Die etwas boshaftere Replik hatte darüber entschieden, ich war erst Mitspieler, dann Spielführer geworden, nicht aber Spielball der Gruppe.

Tipp:

Je schneller Sie eine Gesprächsentgleisung ansprechen, desto konsequenter werden Sie diese beenden können. Ihr Aufwand wächst proportional zum Zulassen.

Beenden Sie eskalierende Gespräche und Diskussionen mit einer konsequenten Konfrontationskaskade

Stufe 1: Konfrontationsbeendigung auf der Sachebene: die 3-T-Regel

Ausgangslage: Das Gespräch thematisiert Nebenthemen, es entgleitet von der gemeinsam verabschiedeten Zielsetzung. Es gibt erste persönliche Übergriffe und Verbalattacken.

Die angemessene Primär-Reaktion: die 3-T-Regel

Diese besagt: Touch – Turn – Talk:

- **Touch:** Bewerten Sie konsequent das jeweilige Gesprächsthema, checken Sie es mit der Zielsetzung gegen.
- **Turn:** Kehren Sie zum Ursprungsthema zurück.
- **Talk:** Vertiefen Sie das Ursprungsthema, damit es wieder zentraler Gesprächsgegenstand wird.

Beispiele:

Touch/appellativ:	«Lenken Sie bitte nicht auf Nebenthemen über. Bleiben Sie bitte beim zentralen Gesprächspunkt.»
Turn:	«Unser Thema ist die Lieferschwierigkeit in Ihrem Unternehmen beim Produkt XYZ.»
Talk:	«Ich hatte bereits die Auswirkungen auf unsere Produktion geschildert. Wie also werden Sie diese in welchem Zeitraum beenden?»

Alternativ bei persönlichen Übergriffen:

Touch/appellativ:	«Polemisieren Sie nicht, sondern bleiben Sie bitte sachlich. Bleiben Sie bitte beim zentralen Gesprächspunkt.»
Turn:	«Unser Thema ist die Lieferschwierigkeit in Ihrem Unternehmen beim Produkt XYZ.»
Talk:	«Ich hatte bereits die Auswirkungen auf unsere Produktion geschildert. Wie also werden Sie diese in welchem Zeitraum beenden?»

Tipp:

In einer Gesprächsrunde oder Diskussion wenden Sie Touch-Turn-Talk bitte auch hinsichtlich des Blickkontaktes an.

- Touch – Blickkontakt zum Adressaten,

- Turn – Wechsel zu einem anderen Gesprächspartner,
- Talk – Ansprache des anderen Gesprächspartners.

Nur so stellen Sie sicher, dass der Adressat im Gespräch abgebunden wird. Denn Blickkontakt bedeutet: Na, gibt es etwa Widerspruch?!

Stufe 2: Konfrontationsbeendigung auf der emotionalen Ebene: die emotionale gelbe Karte

Ausgangslage: Das Gespräch eskaliert trotz Ihrer ersten Intervention weiterhin. Ihr Gesprächspartner polemisiert nach wie vor, Nebenthemen erschweren das Gespräch.

Die angemessene Sekundär-Reaktion: eine emotionale gelbe Karte
Lehnen Sie sich zurück, fragen Sie Ihren Gesprächspartner: «Was soll das?!»

Im Normalfall folgt auf diesen Vorwurf eine Rechtfertigung oder Erklärung, in rund 90 Prozent der Fälle versachlicht der Gesprächspartner jedoch wieder das Gespräch.

Verstärker: «Was soll das? Das haben Sie nicht nötig. Lassen Sie es!»

Noch stärker: «Was soll das? Das haben Sie doch nicht nötig, Sie machen sich lächerlich. Mir wäre das peinlich.»

Stufe 3: Konfrontationsbeendigung auf der Metaebene

Ausgangslage: Das Gespräch oder die Diskussion ist am Siedepunkt angelangt. Beenden Sie nun endgültig die Eskalation.

Ihre angemessene Tertiär-Reaktion: das Betreten der Metaebene
Die Metaebene bezeichnet die übergeordnete Gesprächsebene, bei der Sie die Sach- und die emotionale Ebene verlassen und das Gesprächsverhalten sowie den Gesprächspartner selbst zum Thema machen.

Geben Sie konsequent Feedback auf das Verhalten und den Gesprächspartner selbst.

Traditionelles Feedback:
- Was nehme ich wahr?
- Wie wirkt es auf mich?
- Was wünsche ich mir?

Dieses traditionelle Feedback lebt von weichen Ich-Botschaften, ist sanft konfrontierend.

VERGESSEN SIE ES!

Das neue Feedback richtet sich an der Person gegenüber aus, es ist ein klares Aufzeigen des Konfliktes. Klar, dass es uns schwer fällt, hier eine direkt-konfrontative Aussage aufzubauen, aber trotzdem.
- Die Ich-Botschaft wird in eine Du-Botschaft umgesetzt.
- Das alte Muster «Ich bin o. k., du bist o. k. – das Gespräch ist o. k.» hat nun seine Gültigkeit verloren.
- Das Gesprächsverhalten des Gegenübers; er ist nicht o. k. Also sagen Sie es ihm.

Ein Beispiel:

«Sie arbeiten mit aus der Luft gegriffenen Unterstellungen und polemisieren massiv.

Ihr Gesprächsverhalten ist destruktiv und torpediert unser gemeinsames Gesprächsziel.

Lassen Sie es, bleiben Sie bitte sachlich beim Thema, ansonsten beende ich das Gespräch!»

Skrupel? Dann verpacken Sie es doch als «Wir-Botschaft» – es macht die Reaktion weicher.

Ein Beispiel:

«Wir verlieren uns in gegenseitigen Vorwürfen und Anschuldigungen. Damit verfehlen wir unser Gesprächsziel. Bleiben wir doch bitte beim Thema.»

Eine Chance haben Sie nur dann mit den Wir-Botschaften, wenn der Gesprächspartner wirklich am Ergebnis des Gespräches interessiert ist.

Das neue «Bredemeier-Feedback» kann auch folgendermaßen lauten:

- Veränderung/Status-Quo-Beibehaltung
- Wirkung

Ein Beispiel:

«Beenden Sie Ihre Polemik und Ihre Unterstellungen. Nur dann erreichen wir das gesetzte Gesprächsergebnis!»

Sie können es jedoch auch für «normale» Feedback-Prozesse verwenden.

Beispiele:

«Herr Müller, achten Sie auf einen ruhigen Stand bei der Präsentation, benutzen Sie die Standbein-Spielbein-Variante. Sie erhöhen damit die Wirkung Ihrer Präsentation.»

«Herr Meier, wiederholen Sie Ihre Kernbotschaft und setzen Sie dann eine Wirkungspause an. Sie unterstreichen damit Ihre Botschaft und verankern diese besser.»

Bitte legen Sie nun das Buch zur Seite und bilden für alle drei Eskalationsstufen Beispiele, nachdem Sie nochmals laut die unterschiedlichen Muster wiederholt haben.

Eine Übung zum Entspannen: Zahlen-Assoziationen

Assoziationen, also Gedankengänge mit anderen zu verkoppeln, fördern die Kreativität und das Querdenken die Schlagfertigkeit. Hier nun einige Zahlen, die Sie bitte assoziativ aufnehmen.

Beispiele:

Zahl 1?	Nummer eins, Einteiler, Einzeller, Einreiher …
Zahl 2?	«Nimm zwei», «Zwei kleine Italiener» …
Zahl 3?	die «drei Musketiere», «drei Tenöre», «3=1» (christliche Gleichung) …

Jetzt sind Sie dran:

4 ______________________________

5 ______________________________

6 ______________________________

7 ______________________________

8 ______________________________

9 ______________________________

10 ______________________________

11 ______________________________

12 ______________________________

Mögliche Lösungsansätze:

Zu 4: quattro, 4 you

Zu 5: fünfe gerade sein lassen, give five!

Zu 6: – Sie wissen schon –
Zu 7: Der Wolf und die sieben Geißlein
Zu 8: After eight! Gib Acht!
Zu 9: neunschwänzige Katze
Zu 10: 10er-Potenz
Zu 11: Elf Freunde müsst ihr sein, 4711
Zu 12: zwölf Apostel
...
Zu 20: x 2 = Ali Baba und die 40 Räuber

... zum Schluss bitte ich Sie, weiterzumachen.

Aktivieren Sie Ihre verbale Kreativkraft durch solch, zugegeben, einfache, leichte Assoziationsspiele!

Statt Schlagfertigkeit demonstrieren – Grenzen setzen

Und wieder ein brutales Beispiel aus der Praxis: In einem Seminar zu «Rhetorik für Manager. Nie wieder sprachlos!» bei Management Circle erzählte eine Teilnehmerin eines Pharmaunternehmens, dass sie bei der Auswahl als Projektleiterin gegenüber einer Kollegin den Kürzeren gezogen hatte. Als sie daraufhin ihren Vorgesetzten angesprochen hatte, hielt dieser ihr mit einem süffisanten Lächeln entgegen: «Ach, Sie wundern sich? Nun, Ihre Kollegin leistet mehr, denn sie hat keine Kinder, andererseits auch den schöneren Busen!»

Die Teilnehmerin war daraufhin so perplex, dass sie nicht wusste, wie zu reagieren, anderseits hatte diese Frechheit sie sprachlos gemacht!

Sie fragte im Seminar deshalb an, ob die Teilnehmer oder ich ihr einen Tipp zur schnellen Schlagfertigkeit geben könnten.

Natürlich wäre es einfach gewesen, klischeemäßig diese Frechheit mit einem flotten Spruch zu kontern, beispielsweise: «Dass Männer wenig denken, noch weniger nachdenken und vor allem über das Auge manipulierbar sind, ist ja klar. Nur hätte ich angenommen, dass sich Ihr Profil nicht so weit unten abzeichnet!»

Oder: «Dass Ihr Ruf schlecht ist, wusste ich, nur, dass es Ihre Augen auch sind, überrascht mich!»

Doch riet ich ihr davon ab, denn hier wäre es angebracht gewesen, zumal sich diese oder ähnliche Sprüche bei der Führungskraft häuften, ihm klar eine Demarkationslinie des schlechten Tons aufzuzeigen. Beispielsweise: «Herr Sowieso, ich verbitte mir diese Frechheiten, sollten Sie sich eine solche Bemerkung noch einmal herausnehmen, zeige ich Sie beim Betriebsrat und auch zivilrechtlich an!»

Schlagfertigkeit ist dort angebracht, wo es um ein Witzeln, um Frotzeln geht, andererseits gibt es Grenzen des Miteinanderumgehens, die von beiden Seiten zu respektieren sind.

Tipp:

Genug ist genug. Es gibt Situationen, die eindeutig zu weit gehen, und dann müssen Sie professionell und konsequent eine Grenze setzen.

Verwenden Sie dazu die aufgezeigten Konfrontationsmuster der Eskalationskaskade.

- 3-T-Regel,
- emotionale gelbe Karte.
- betreten der Metaebene mit «Bredemeier-Feedback».

Lassen Sie den Gesprächspartner doch sprichwörtlich ruhig einmal im Regen stehen

Und noch ein Beispiel, welches ich im Rusch-Hörbuch «Nie wieder sprachlos!» bereits einmal beschrieben habe.

Auf einem voll besetzten Flug von Köln/Bonn nach München, abends gegen 20 Uhr, kam es im Flugzeug zu einer spannenden Begegnung. Genervte Passagiere, genervte Flugbegleiter.

Eine Stewardess, die gerade dabei war, die Getränke zu servieren, bekam von einem Fluggast der Business-Klasse sein Geschirr vom Abendessen entgegengereicht.

Die Flugbegleiterin, beide Hände bereits voll mit einer Kaffee- bzw. einer Teekaraffe, streckte dem Vielflieger diese entgegen und sagte: «Sie sehen ja, es geht nicht!» Dann drehte sie sich um, bediente weiter und kam zwei Minuten später, ebenfalls noch mit beiden Karaffen in den Händen wieder vorbei.

«Hier!», wieder der diesmal bestimmtere Versuch des Fluggastes, seine Abfälle an die Frau zu bringen. Das gleiche Ergebnis.

Demonstrativ reckte ihm die Stewardess ihre Thermokaraffen entgegen … und bediente weiter.

Knapp fünf Minuten später kam sie zurück, wollte das Geschirr einsammeln. Der Fluggast hatte ihr diese Arbeit bereits teilweise abgenommen, auf seiner Ablage stapelten sich, aufgetürmt und ineinander verschachtelt, auch das Geschirr der Mitreisenden aus seiner Sitzreihe.

Die Stewardess, reichlich genervt, fauchte den Fluggast an: «Wir sind doch hier nicht im Kindergarten! Gehen Sie dorthin, wenn Sie mit Bauklötzen spielen wollen und Türmchen bauen möchten.»

Irritiert und konsterniert reagierte dieser unter dem Beifall der Mitreisenden: «Ach, und warum benehmen Sie sich denn wie eine – zugegebenermaßen fehlbesetzte – Kindergärtnerin?»

Die Stewardess schnappte nach Luft, war sprachlos und entschuldigte sich beim Aussteigen der Gäste beim betroffenen Fluggast.

Anstatt jedoch diese Entschuldigung anzunehmen, entgegnete dieser eiskalt: «Kindchen, gehen Sie doch noch mal in den Kindergarten, dort sind Sie wirklich besser aufgehoben! Und schließlich ist das Großziehen von Kleinkindern doch die letzte Domäne der reinen Amateure!» … Dann stieg er lächelnd in den wartenden Bus.

Tipp:

Manchmal ist es auch nötig, den Gesprächspartner weiterhin im Regen stehen zu lassen – der Denkanstoß wird durch akzeptierte Entschuldigungen abgemildert. Unrecht bleibt Unrecht.

Beantworten Sie nicht alle Fragen

So manche Pressekonferenz bei Unternehmen generiert in der heutigen Zeit zum inszenierten Höllenfeuer, zum verbalen Fegefeuer, zum Spießrutenlauf.

So zeigte der vierköpfige Vorstand eines Energieversorgers eine totale Sprachlosigkeit, als nach der Präsentation der neuen Unternehmensstrategie der bald darauf ausscheidende Betriebsratsvorsitzende ans Mikrofon trat und den Vorstand mit dem Buchtitel von Oggers titulierte: «Meine Herren, Sie sind und bleiben Nieten in Nadelstreifen!»

Der Beifall der Versammlung schwoll an, die angesprochenen Herren rutschten tiefer in die Stühle – und keiner sagte etwas. Natürlich hatte man auch in der ersten Reihe nicht an ein Handmikrofon gedacht. Es war eine peinliche und entwürdigende Niederlage – mit Langzeitwirkung.

Ein anderes Szenario: Totale Sprachlosigkeit, begleitet von Luft schnappen, zeigte vor einigen Jahren der Vorstandssprecher einer großen Bank bei der Präsentation der Bilanz auf der Pressekonferenz.

Als Aktionärsvertreter das Wort ergreifen konnten, schritt ein bekannter Ökonomieprofessor zum Mikrofon und fragte den Vorstandssprecher sinngemäß: «Ich stelle fest, Sie haben siebzehn Aufsichtsratsmandate, die Sie meines Erachtens nicht vernünftig ausüben können. Ich wette, dass Sie noch nicht einmal in der Lage sind, diese Mandate aufzuzählen. Aber probieren Sie es doch einmal ...!»

Der Vorstandssprecher trat in den Fettnapf, kam bis zum elften Aufsichtsratsposten und wiederholte sich schon wieder, lief rot an, schnappte nach Luft und war sprachlos.

Referenten und andere Vorstandskollegen schauten betroffen zu Boden und dachten bei sich: «Armer Kerl» – oder «Armer Kerl, aber Gott sei Dank hat es dich getroffen!».

Dabei wäre es so einfach gewesen, diese Situation zu überwinden.

Nur hätte er früh genug das Spiel unterbrechen müssen, beispielsweise mit der Bemerkung: «Herr Professor, ich beantworte Ihre polemische Frage, die nicht Gegenstand unserer Hauptversammlung ist, gerne in der Kaffeepause. Ich darf Sie daran erinnern, dass wir über die Bilanz sprechen. Haben Sie Fragen zum Thema? Ansonsten machen Sie bitte das Mikrofon frei für wichtige Fragen, die uns weiterbringen.»

Ein anderes Szenario: Ein Aktionärsvertreter bombardierte den Vorstandsvorsitzenden einer AG mit der Frage: «Ihr Unternehmen weist sektenähnliche Strukturen auf. Was sagen Sie dazu?»

Der perplexe Vorstand rechtfertigte sich eine geschlagene Stunde lang – danach hatte sich der Eindruck verhärtet. Peinlich.

Tipp:

Bewerten Sie Fragen – und variieren Sie Ihre Muster im Umgang mit solchen. Trainieren Sie im Vorfeld zu wichtigen öffentlichen Auftritten – und das ist jeder Auftritt! – diese möglichen «schwierigen Fragen»!

Für einige Unternehmen gehört das als Standard zur Vorbereitung. Zur professionellen Vorbereitung … Und diese wiederum ist Standard für Profis.

Antworten geben – können Sie.

Gegenfragen stellen – können Sie.

Ausweichen oder Fragen zurückstellen – können Sie.

So beantworten Sie höchstens Fragen, Botschaften setzen Sie nicht ab.

Also: Erweitern Sie Ihre Muster:

Üben Sie den alternativen Umgang mit Fragen – Fragen beantworten heißt, diese zu legitimieren

Denken Sie daran: Schwarze Rhetorik ist die manipulative und gesprächsbestimmende Möglichkeit, sich aller notwendigen rhetorischen, dialektischen, eristischen und rabulistischen Kunstgriffe zu bedienen, nicht nur das Gespräch zu führen, sondern es zielorientiert in die gewünschten Bahnen zu lenken und gleichzeitig den Gesprächspartner oder das Publikum zu dem beabsichtigten Ergebnis zu führen.

Professioneller, alternativer Umgang mit Fragen

Stellen Sie sich einmal die Situation vor, wo die Frage auftaucht, «ob Ihr Unternehmen eine Strategie hat».

Natürlich können Sie antworten: «Ja!» – aber es bringt weder Ihr Publikum noch Sie in Ihrer Botschaft weiter, auch wenn die Frage beantwortet ist.

Deshalb:

1. *Kontextualisieren Sie Fragen, zeigen Zusammenhänge auf:*
   «Damit Sie die Strategie unseres Unternehmens einordnen können, ist es zunächst einmal notwendig, zu wissen, wie wir in welchem Markt positioniert sind und welche Benchmarks wir setzen. Wir sind ein Unternehmen mit 45 000 Mitarbeitern im Marktsegment ...» – Setzen Sie Rahmenbedingungen und bringen Sie Botschaft.

2. *Bewerten und ersetzen Sie die gestellten Fragen:*
   «Die Frage, welche Gründe es geben könnte, bei uns einzukaufen, ist sekundär, ich erkläre Ihnen aber gerne, warum Unternehmen wie XYZ oder ABC bei uns kaufen, damit wir uns aus dem spekulativen Bereich lösen. Das ist für XYZ ...!»

3. *Lassen Sie sich Definitionen und Begrifflichkeiten als Ausgangspunkt einer Frage genau präzisieren:*
   «Bevor ich Ihnen die Frage beantworte, definieren Sie bitte einmal den Begriff ‹Verantwortung› in Ihrer Frage, außerdem erläutern Sie bitte ‹soziale Gerechtigkeit›!»

4. *Zeigen Sie die Intention einer Frage auf:*
   «In Ihrer Frage geht es darum, hier ein anderes Nebenthema scheinbar notwendigerweise zum Hauptthema zu machen, vergessen Sie es!»

Das sind Beispiele. Weiterhin ist es möglich,
- Fragen zu interpretieren,
- Fragen als theoretisch auszuweisen,
- Fragen mit einer anderen Perspektive auszuweisen,
- Fragen zu fokussieren,
- Fragen zu delegieren,
- Fragen als Ausweis der Inkompetenz im Themengebiet auszuweisen,
- Fragen zurückzuweisen,
- Fragen als irreführend abzulehnen.

Tipp:

Es gibt noch andere Möglichkeiten zur Variation im Umgang mit Fragen, behalten Sie Ihre Botschaft und den Gesprächsrahmen sowie das avisierte Ergebnis im Auge.

Haken Sie Aussagen für Ihre Gesprächspartner konsequent ab!

Nachfolgend sind einige Aussagen dargestellt, die alle für den Zuhörer oder Gesprächspartner die Fragen offen lassen, ob der Sender die Anforderung auch erfüllt, seine Qualität stimmig ist oder auch die Umsetzung erfolgt.

Beispiele:
Kundennähe ist für uns kein Fremdwort.
Sondern Basis für unsere Dienstleistungen.

Wir haben eine ausgeklügelte Strategie entwickelt.
Und diese setzen wir praxisorientiert um.

Und jetzt sind Sie dran:

1. Unser Motto lautet: Qualität, Qualität, Qualität.

   ____

2. Wir haben es mit nur einem Wettbewerber in unserem Markt zu tun.

   ____

3. Ich habe eine hervorragende Rhetorik-Schulung besucht.

   ____

4. Theoretisch ist die Voraussetzung gegeben.

   ____

5. Wir bieten Ihnen alles an.

____

6. Unser Unternehmen profitiert dabei natürlich von guten Mitarbeitern.

____

7. Zielsetzung ist es deshalb für uns, besser zu sein.

____

8. Das war meine Message.

____

9. Und deshalb bieten wir diese Produkte unseren Kunden an.

____

10. Unser Angebot gilt deshalb für drei Wochen.

____

Mögliche Lösungen:

Zu 1: Und dieses setzen wir konsequent Tag für Tag um.
Zu 2: Und diesen haben wir umsatz- und gewinnbezogen weit hinter uns gelassen.
Zu 3: ... und setze dieses Wissen in der Praxis konsequent um.
Zu 4: ... und praktisch arbeiten wir bereits mit dieser Grundvoraussetzung.

Zu 5: … aber nur dann, wenn Sie es wirklich benötigen.

Zu 6: … weshalb wir unsere Mitarbeiter konsequent aus-, fort- und weiterbilden.

Zu 7: Und wir sind es.

Zu 8: Und es ist wichtig, es nochmals zu wiederholen.

Zu 9: … denn es sind Produkte, die die Kunden wollen, mit stimmigem Preis-Leistungs-Verhältnis bei hervorragender Qualität.

Zu 10: Nutzen Sie Ihre Chance.

TIPP:

Suchen Sie konsequent beim nächsten Meeting oder bei Ihrem nächsten Gespräch nach solchen «offenen Flanken», nach Lücken in den Aussagen. Dort, wo Ihr Gesprächspartner Versprechungen in den Raum stellt, aber die Erfüllung unausgesprochen bleibt.

In kritischen Gesprächen ergreifen Sie bitte die Initiative

Kennen Sie die alten John-Wayne-Filme?

Dort zockelt der Westernheld gemütlich mit seinem Zossen durch die Prärie, hinter sich den Treck. Klischeemäßig kommen dann die Indianer zum Überfall des Weges daher. Was passiert?

Wagenburg. Verteidigung aus der gefestigten, sicheren Position.

Und die Indianer?

Reiten klischeemäßig nicht frontal, sonder außen drum herum. Sie müssen es durch Masse machen. Blöder Job. Die Cowboys verteidigen sich aus der Position heraus.

Es ist nun gut zwölf Jahre her, ich war gerade dabei, mich als Fernsehtrainer zu profilieren, da lief im Fernsehen eine neunzigminütige Talkshow namens «Ich stelle mich!»

Moderator war Claus Hinrich Castorff, der nicht nur populär war, sondern zugleich als der härteste Interviewer im deutschen Fernsehen galt. Hart, weil er unbequeme Fragen stellte, härter, weil er konsequent nachfasste, am härtesten, da er auch bei Sprachlosigkeit seiner Gäste diesen Zustand vertiefte. Im Abspann einer Sendung verkündigte Herr Castorff, wer der nächste Gast sei, nämlich der Vorstandsvorsitzende einer großen deutschen Gesellschaft.

Warum nicht, fragte ich mich. Montagmorgen rief ich direkt beim Pressesprecher an, wünschte Glück für die Sendung, erläuterte noch einige Kniffe Castorffs und sagte sinngemäß: «Natürlich wird Ihr Vorstandssprecher auch ohne Vorbereitung ein gutes Bild abgeben, wenn er aber Profi ist, bereitet er sich besser vor, beispielsweise bei mir!»

Der Pressesprecher lachte zwar anfangs über diese dreiste Direktakquisition, besprach dann allerdings die Angelegenheit mit seinem Vorstandsvorsitzenden und buchte nachmittags ein Einzeltraining.

Neben den inhaltlichen Vorbereitungen und den vielen kleinen Tipps war es für uns jedoch wichtig, einen guten Einstieg zu haben.

Als wir uns nun vorbereiteten, zeigte sich eine Anfangsschwierigkeit, die fast zu einer richtigen Hürde wurde. Und zwar musste der jeweilige Gast der Live-Sendung zuerst einmal ins Studio laufen, wobei er etwa zehn Meter zurücklegen musste, Castorff lief jeweils entgegen und stellte seine ersten zwei Fragen in einem erweiterten Distanzraum von etwa drei Metern. Damit der Interviewgast auch wusste, wann er anzuhalten habe, war extra eine Markierung auf dem Boden angebracht worden. Was also tun?

Auf jeden Fall übten wir das richtige «Schreiten», was sich bei Trauungen einfach gestaltet, aber für den Beginn einer zu erwartenden kritischen Sendung als sehr stressend erweist.

So startete dann auch die Talkshow, bei der übrigens keine Fragen abgesprochen wurden, aber so genannte «Talent-Bookers» über Wochen hinweg wie bei einer Papstwahl den Gast und sein Umfeld kritisch unter die Lupe nahmen.

Mein Klient hatte anfangs eine leichte Desorientierung, dann sah der Zuschauer, wie die Spannung sich löste, als die linke Hand in die Hosentasche glitt. Gemächlichen, aber angemessenen Schrittes ging er Castorff entgegen. Bis zur Markierung, dann darüber hinaus. Castorff, so war es für den fernseherfahrenen Zuschauer zu bemerken, war leicht irritiert, denn diese Markierung war ja die vereinbarte Startlinie. Zu allem Überdruss streckte mein Mandant ihm nun noch die Hand entgegen und begrüßte ihn sinngemäß mit den Worten: «Guten Abend, Herr Castorff, ich freue mich auf unser spannendes Thema!»

Und da – Castorff, irritiert und verdutzt, stotterte auf einmal bei seiner ersten Frage, war auf der Suche nach den richtigen Worten. Denn diese Distanzüberbrückung passte nicht in sein Sende-Skript. Doch live ist live.

Der Vorstand lächelte über die von ihm bewirkte Unsicherheit Castorffs und behielt seine Souveränität während der gesamten Sendung bei. Ein verbaler Volltreffer, ausgelöst durch das Überwinden vorgegebener Muster.

Einfach klasse! Richtig klasse.

Tipp:

Ergreifen Sie in schwierigen Situationen die Initiative, bauen Sie Ihre Position auf, es ist leichter, diese zu verteidigen, als eine gefestigte Position erst ausheben zu müsssen.

Ein gewisses Verbalgeplänkel stabilisiert Beziehungen und festigt den Kontakt

In einem Seminar in der Schweiz saßen wir mit dem Teilnehmerkreis abends in illustrer Runde zusammen, haben gescherzt und gelacht. Als ich einen Teilnehmer ansprechen wollte, der gerade mit seiner Nachbarin ins Gespräch verwickelt war, machte ich dessen Nachbarn darauf aufmerksam und sagte: «Gleich werde ich Herrn Müller einmal danach fragen, aber er ist ja momentan heftig am Flirten!»

Unser Adressat drehte sich mit verschmitztem Lächeln zu uns um und entgegnete: «Tja, meine Tischnachbarin macht gerade die Erfahrung, dass solche Typen wie ich nicht auf den Bäumen wachsen!»

Daraufhin mischte sich ein weiterer Teilnehmer ein und bestätigte: «Stimmt, normalerweise essen Typen wie Sie auch keine Nudeln, sondern Bananen und schwingen sich von Ast zu Ast!»

«Außerdem, Casanova», so mischte sich ein vierter ein, «sollten Sie vorsichtig sein, noch machen Sie der Dame den Hof, aber wenn es ernst wird, werden Sie schließlich die Treppe auch noch mitmachen müssen!»

«Jedenfalls ist Musik in dem Thema», lachte ein anderer.

«Stimmt», so schob der Angesprochene chauvinistisch nach, «wir Männer lernen schnell, die zweite Geige in der Beziehung zu spielen!»

Der Schuss saß, und die Runde wurde richtig ausgelassen, ein schöner Abend.

Übrigens: Dieses Verbalgeplänkel, man darf es nicht unterschätzen, ist beziehungsbildend und kontaktstabilisierend zugleich.

Kein Trumpf-As springt plötzlich so mir nichts, dir nichts aus dem Ärmel

Harry Potter hin, David Copperfield her: Jeder geübte Zocker weiß, dass ein Trumpf-As nur aus dem Ärmel geholt werden kann, wenn es vorher dort hingesteckt wird.

Diese Erkenntnis gilt auch für Stresssituationen. Souverän bleiben Sie nur dann, wenn Sie Ihren Stress kanalisieren.

Und das funktioniert dadurch, dass Sie sich Ihre Botschaften vorher zurechtgelegt haben, statt in Hektik zu verfallen, betont kontrolliert sprechen und die Gesprächsführungsebene weiterhin im Auge behalten.

Rudi Carell hat es in einer Kabarett-Sitzung einmal bezogen auf Witze unterstrichen: «Witze kann man nur dann aus dem Ärmel schütteln, wenn man sie vorher hineingesteckt hat!»

Stimmt, doch Schlagfertigkeit können Sie trainieren.

Haben Sie sich schon einmal Gedanken über das Gewissen gemacht? Es gibt ungefähr zweihundert verschiedene Definitionen, aber sicherlich haben Sie eine parat.

So wie die österreichische Schauspielerin Senta Berger, die einer Rede des amerikanischen Erweckungspredigers Billy Graham lauschte, als dieser zum Gewissen feststellte: «Ein gut funktionierendes Gewissen ist wie ein Rotlicht, mit dem wir uns selbst zum Anhalten bewegen können!»

Senta Berger ergänzte mit spontaner Schlagfertigkeit dieses Bild: «Wenn das Gewissen ein Rotlicht ist, dann bemühen die meisten von uns sich noch, noch schnell bei Gelb über die Kreuzung zu kommen.»

Tipp:

Legen Sie sich gute Antworten auf wichtige Fragen und kritische Argumentationen zurecht.

Verkäufer tun dies häufig mit einem Zettelkasten oder mit Checklisten. Intensivieren und trainieren Sie zusätzlich Ihr bildhaftes Denken, es lohnt sich.

Überprüfen Sie Ihre Aussagen auf kontextuelle Einordnung

Ihre Aussagen gewinnen an Schärfe, wenn es Ihnen gelingt, sie kontextuell aufzuwerten.

Bilden Sie eine zuhörerorientierte Einordnung der Aussagen ab.

Aus einem Seminar ist einmal der folgende Ansatz entstanden, den freundlicherweise Dr. Jens Siebert aus Hamburg nochmals zusammenstellte und ergänzte.

Die X-AG wird allgemein als flexibel bezeichnet.

= Die X-AG setzt Kundenwünsche flexibel um und ist deshalb Branchenführer für Internet-Server geworden.

Unserer guter Ruf ist unsere Basis.

= Durch die konsequente Kundenorientierung hat sich die A-GmbH nicht nur einen guten Ruf erworben, sondern eine Vielzahl von Dauerkunden gewonnen.

Die B-Partei versteht den Wahlbürger.

= Die B-Partei als Regierungspartei setzt die Erwartungen ihrer Wähler schnell und klar um.

Wir sind immer für Sie da.

= Die X-Versicherung hilft Ihnen immer – von der kompetenten Beratung bis zu einer schnellen und unbürokratischen Schadensabwicklung.

Sie waren im letzten Jahr nicht so toll.

= Ihre Arbeitsleistung war im letzten Jahr nur Durchschnitt, weil Sie Ihr kreatives Potenzial bei der Lösung der technischen Probleme in den Projekten X und Y nicht genutzt haben.

Wir sind mit Ihnen sehr zufrieden.

= Sie sind einer meiner besten Mitarbeiter, weil Sie überdurchschnittliches Fachwissen besitzen und mit Ihren Kunden und Kollegen überzeugend umgehen.

Arbeiten Sie an sich, dann überzeugen Sie auch andere.

= Schulen Sie Ihre Rhetorik, damit Sie sich mit Ihren Sachargumenten in Diskussionen durchsetzen.

Gemeinnützige Arbeit bereichert alle.

= Durch gemeinnützige Arbeit fördern Sie andere und bereichern Ihr eigenes Leben.

Die BRD ist ein Parteienstaat.

= Die Verfassung der Bundesrepublik Deutschland fördert und sichert die Beteiligung verschiedener Parteien auf allen Ebenen des staatlichen Lebens.

Goethe ist immer ein wichtiger Botschafter Deutschlands im Ausland gewesen.

= Goethe hat auch in dunklen Perioden deutscher Geschichte ein positives Bild von einem anderen deutschen Gedankengut im Ausland vermittelt.

Die «Zeit» ist wohl das liberale Wochenblatt in Deutschland.

= Die «Zeit» bietet bei Politik, Kultur und Wirtschaft ein breites Meinungsspektrum. Darauf gründet sich der Ruf, das liberale Wochenblatt in Deutschland zu sein.

Die «Bild am Sonntag» ist die erfolgreichste Sonntagszeitung.

= Die «Bild am Sonntag» informiert über alle wesentlichen Entwicklungen und unterhält ihre Leser so überzeugend, dass sie die meistgelesene Sonntagszeitung in Deutschland ist.

Arte ist der europäische Kulturkanal.

= Arte ist der einzige Fernsehkanal, der die vielfältige europäische Kultur zeigt.

Tipp:

Überprüfen Sie Ihre Botschaften hinsichtlich des Kontextes! Verschärfen Sie Ihre Botschaften jeweils.

Erwarten Sie niemals Höflichkeit, beenden Sie konsequent Unhöflichkeit!

Wie häufig erwarten wir von unserem Gegenüber Höflichkeit. Schön, wenn er diese Hoffnung erfüllt, wenn nicht, so beenden Sie konsequent Unhöflichkeit im Interesse des Publikums, im Interessse Ihrer eigenen Person. Ein Beispiel, das ich bereits einmal in meinem Buch «Der TV-Crashkurs» erwähnt habe und gerne als Beispiel für verbale Entgleisung einsetzte.

Tatort Fernsehstudio: Am 2. November 1999 berichtete «Die Welt» unter der Überschrift «Rehhagels Eklat im Fernsehstudio» über die verbalen Entgleisungen des damals für Kaiserslautern tätigen Fußballtrainers Otto Rehhagel.

Rehhagel hatte nach einem stressigen, aber letztlich mit 1:0 gewonnenen Match gegen Stuttgart Kritik an Mannschaft, Auf- und Einstellung direkt abgeschmettert: «Ich bin der erfahrenste Trainer der Bundesliga. Sie brauchen mir nichts erzählen.» Und fügte später hinzu: «Sie haben doch nie Fußball gespielt!»

Der verdutzte und angeschlagene Moderator Fritz von Thurn und Taxis erklärte später, dass er beim Trainer die «menschliche Größe» vermisse, fing damit aber nur den Volltreffer auf.

Zwar hatte Premiere für 150 Millionen DM die Übertragungsrechte erworben, aber durfte der Sender deshalb eine Zusammenarbeit erwarten, bei der auch die dümmsten Kommentare dem Trainer nicht den Hut hochgehen lassen, sondern mit netten Antworten abgefangen werden?

Der Nationalspieler Tom Bartels beschimpfte sogar einen Premiere-Reporter mit «Trottel», womit er allerdings die Grenze deutlich überschritt.

Eine emotionale Bewertung ist wichtig, sollte jedoch nicht in eine Beschimpfungskanonade münden.

Tipp:

Beenden Sie solche Situationen konsequent gemäß der oben aufgezeigten Konfrontationskaskade.

Beziehen Sie Gesprächspartner nicht nur ein, bringen Sie sie zum Abnicken

Vielfach lernen wir, bei Präsentationen oder in Gesprächen unsere Gesprächspartner einzubinden. Sicherlich eine gute Möglichkeit. In vielen Seminaren musste ich jedoch feststellen, dass kaum jemand in der Lage ist, Gesprächspartner so einzubinden, dass eine direkte Reaktion erfolgt.

Mein Resümee: Wenn denn die Einbindung so schwer fällt, warum bringen wir die Gesprächspartner denn nicht konsequent zum Nicken?

Natürlich gelingt das über Ansprache. Nutzen Sie deshalb in kleiner Runde wie auch im großen Plenum den «Sprechzwang», der sich in unseren Breitengraden nach ein bis zwei Sekunden einstellt. Und so gehts:

1. *Sprechen Sie Gesprächspartner mit Namen an.*
   Der Name nach *vorne* gestellt, zeitigt Aufmerksamkeit, der Name *hinten* an eine Aussage gehängt, das Abnicken.
   Ein Beispiel: «... ein Produkt, das Sie ja bereits erfolgreich getestet haben, Herr Müller!»

2. *Stellen Sie einen Rückbezug her zum Gesprächspartner.*
   Der Rückbezug sichert die Zustimmung.
   Ein Beispiel: «... ein Punkt, den Sie, Herr Meier, ja bereits bei der letzten Sitzung angesprochen haben!»

3. *Flechten Sie Konsensformulierungen in Ihre Gesprächssequenz ein.*
   Konsensformulierungen unterstreichen allgemeine Aussagen und beziehen Gesprächspartner mit ein – bei gleichzeitigem Abnicken. Wer sich nicht dem Nicken anschließt, schließt sich aus.
   Ein Beispiel: «Jeder, der sich intensiv mit Projektmanagement beschäftigt hat, kennt dieses Problem.»

4. Beziehen Sie mit Blickkontakt nicht nur alle ein, sondern *fokussieren Sie bei wichtigen Aussagen einen Gesprächspartner von Anfang bis Ende der Aussage* und lassen diesen dann noch bei der Wirkpause stehen. Es entsteht Sprechzwang und ein Abnicken.

5. *Benutzen Sie wertschätzende Aussagen.*
   Wertschätzende Aussagen verankern die Beziehungsebene und steigern den Respekt in der Ansprache.
   Ein Beispiel: «Und als Profi wissen Sie, wovon ich jetzt spreche, nämlich dass ...!»

6. *Bauen Sie Szenarien anders auf.*
   Szenarien leiten wir meistens ein mit den Worten: «Stellen Sie sich

einmal vor …» – Damit erzielen wir eine erhöhte Aufmerksamkeit. Das Abnicken erzielen Sie jedoch als Rückgriff auf eine gemeinsame Erfahrung.
Ein Beispiel: «Meine Damen und Herren, erinnern Sie sich an … – Sie kennen die Situation!»

7. *Setzen Sie konsequent Appelle ein, intensivieren Sie diese durch den Blickkontakt.*
Mit Appellen geben Sie Orientierung und Handlungsanleitung. Der Dank: das Abnicken.
Ein Beispiel: «Und deshalb nutzen Sie Ihre Chance!»

Natürlich wollen wir keine «Dauernicker» als Gesprächspartner haben, aber Sie steigern damit die konsequente Einbeziehung. Nutzen Sie diese Technik.

Nutzen Sie die Drei-Kanal-Argumentation

Wir sind sprachlich auf unterschiedlichen Ebenen anzusteuern. Das zeigt eine Grunderkenntnis des NLP:

- visuell,
- auditiv,
- kinästhetisch.

Alle drei Kanäle werden von uns mit unterschiedlicher Intensität aufgenommen. Unser Gehirn speichert im Schnitt aus diesen Kanälen 75 Prozent visuell, 13 Prozent auditiv, der Rest verteilt sich auf Riechen, Schmecken und Tasten (kinästhetisch).

Was liegt also näher, als diese Kanäle auch jeweils mittels Sprache anzusteuern, da es Begriffe gibt, die eindeutig zugeordnet werden können?

- *visuell:* Sicht, Perspektive, liegt auf der Hand, transparent, klar, Durchblick, Ausblick …
- *auditiv:* Knall, Ton, Ohrwurm, toller Sound …
- *kinästhetisch:* tolles Gefühl, Empfindung, verspüren …

Der Schlüssel dazu liegt in der erfolgreichen verbalen Umsetzung der Empfindungen, die wir durch unsere Sinne aufnehmen. Wenn wir sie schildern, rufen wir die entsprechenden Erinnerungssegmente beim Rezipienten wach. Zwar können sich die Ebenen mischen, wir können aber Gesprächspartner auch über diese Ebenen zielorientiert führen und die Speicherfähigkeit erhöhen.

Ein herzliches Dankeschön an Antje Praefcke von der HELABA, die diese Erkenntnisse einmal in Texte im Rahmen des Seminars «Souveräne Dialektik» bei der West LB Akademie konsequent umgesetzt hat. Hier ihr Beispiel:

Devisenhandel

«Morgens betrete ich als Erste den noch dunklen Handelsraum, in dem schwarze Bildschirme düster aussehen. Auf Knopfdruck springt mein PC an und blendet mich durch das helle Licht meiner drei Bildschirme. Bunte Farben der verschiedenen Handels- und Softwaresysteme springen mir ins Gesicht, eine Vielzahl von sich ständig ändernden Kursen und mehrere fortlaufende Nachrichtenzeilen flackern vor meinen Augen.

Ein Kollege schaltet das Oberlicht an, das den Handelsraum in helles Licht taucht. Fernseher werden eingeschaltet und flimmern in den Wänden. Mit zunehmender Handelsaktivität ändern sich die Kurse in immer kürzeren Zeiträumen ab und jagen sich die Nachrichten in den Newstickern, sodass meine Augen unruhig über die Bildschirme laufen, um den Informationen, Bewegungen und Farben zu folgen.

War die Stille des morgendlich dunklen Handelsraums noch angenehm, so erwacht dieser nun zu regem, lautem Leben. Telefone klingeln am laufenden Band, der Lärmpegel des Raumes steigt langsam an. Händler sprechen an mehreren Telefonen gleichzeitig. Broker rufen hektisch Preise in die offenen Leitungen der Händler, die sich auch untereinander Informationen über die Tische hinweg durch den Saal zurufen. Ab und zu begleitet eine Woge brüllenden Lachens den Witz eines Kollegen.

An anderer Stelle fluchen Kollegen laut wegen eines schlechten Preises oder einer Verlustposition, lassen mit hellem Knall den Telefonhörer auf den Tisch fallen oder schlagen dumpf die Faust auf den Tisch. Verschiedene Handelssysteme piepsen oder klingeln, sogar ein Tarzanschrei ertönt aus der Ecke der Rentenhändler.

Daneben rattern Drucker, die Ausdrucke der Geschäfte ausspucken. Die monotone Stimme eines Moderators mischt sich unter die Geräuschkulisse. Jemand hat den Fernseher aufgedreht, um die aktuellen Nachrichten besser hören zu können.

War der ruhige, dunkle Handelsraum noch wie ein Spiegel der inneren morgendlichen Ruhe, so spürt man mit dem Erwachen der Handelsaktivitäten eine langsam wachsende Spannung und Nervosität. Schnell und konzentriert müssen die Informationen erfasst und umgesetzt werden. Mit angespannten Körpern sitzen die Händler vor den Bildschirmen, kauen am Kugelschreiber und verfolgen fiebrig die Entwicklung der Preise, die für sie Gewinn oder Verlust bedeuten.

Die Stimmung ist beim Warten auf die Veröffentlichung wichtiger Wirtschaftsdaten oder des Zinsbeschlusses der EZB zum Zerreißen gespannt. Händler tippen schnell mit fahrigen Bewegungen Preise in die Systeme, um eine Position einzugehen oder zu schließen. Die Atmosphäre knistert, bis sich die Spannung beim Erscheinen der ungeduldig erwarteten Zahlen explosionsartig in Jubelrufen oder Fluchen entlädt. Schließlich entscheiden die Reaktionen der Preise auf Wirtschaftsdaten über Gewinn oder Verlust. Man spürt regelrecht, wie sich die Spannung nach und nach legt und in die reguläre, konzentrierte Aktivität des Handelsalltags übergeht.»

Übung:

Setzen Sie einmal eigene Beispiele auf, es macht viel Spaß – und fördert Ihre Sprachsensibilität außerdem!

Übersetzen Sie negative Formulierungen in positive Aussagen

Vielfach ist negative Unterstellung Anlass zur negativ formulierten Rechtfertigung.

Ein Beispiel (falsch!):

«Hat Ihr Unternehmen ein schlechtes Image?»
«Nein, wir haben kein schlechtes Image!»

Damit erreichen Sie keineswegs Ihr Ziel, im Gegenteil, Sie rücken die Aussage nicht gerade, sondern ankern durch die negative Wiederholung den Vorwurf.

Beispiel (richtig!):

«Hat Ihr Unternehmen ein schlechtes Image?»
«Nein, wir haben ein hervorragendes Image!»

Oder: «Das ist nicht richtig» – wäre nämlich falsch, denn was nicht richtig ist, ist falsch!

Also: «Das ist falsch!»

Bitte suchen Sie sich zehn Formulierungen, die Sie konsequent richtigstellen! Also: Bitte verwenden Sie nur positive Formulierungen. Bitte bewerten Sie zunächst durch «Falsch!» oder «Nein!»

Sie können natürlich auch Formulierungen aus den täglichen Meetings aufnehmen.

Beispiel:

«Den Beweis bleiben Sie schuldig!»
«Nein, den Beweis haben wir geliefert!»

Jetzt sind Sie dran:

1. Negativ: ______

Positiv: ______

2. Negativ: ______

Positiv: ______

3. Negativ: ______

Positiv: ______

4. Negativ: ______

Positiv: ______

5. Negativ: ______

Positiv: ______

6. Negativ: ______

Positiv: ______

7. Negativ: ______________________________

Positiv: ______________________________

____

8. Negativ: ______________________________

Positiv: ______________________________

____

9. Negativ: ______________________________

Positiv: ______________________________

____

10. Negativ: ______________________________

Positiv: ______________________________

TIPP:

Bitte achten Sie in Zukunft auf positive Formulierungen und verwenden Sie diese ausschließlich!

III. Die gravierendsten Manipulations-, Argumentations- und Gesprächsfallen der Schwarzen Rhetorik – und wie Sie sich davor erfolgreich schützen

Schwarze Rhetorik ist die manipulative und gesprächsbestimmende Möglichkeit, sich aller notwendigen rhetorischen, dialektischen, eristischen und rabulistischen Kunstgriffe zu bedienen, nicht nur das Gespräch zu führen, sondern es zielorientiert in den gewünschten Bahnen zu lenken und gleichzeitig den Gesprächspartner oder das Publikum zu dem beabsichtigten Ergebnis zu führen.

Um die Gesprächsführung beizubehalten, ist es notwendig, die bösesten argumentativen «Fettnäpfchen», die gravierendsten Manipulations- und Gesprächsfallen zu vermeiden.

Nachfolgend erhalten Sie einen dezidierten Überblick über diese Fallstricke und erlernen, sie erfolgreich zu vermeiden, zu neutralisieren oder auch konsequent und mit gewohnter Professionalität zu nutzen.

Bedenken Sie:

Die Gesprächszielsetzung und -botschaft, die inhaltliche und emotionale Beteiligung bilden die Grundlage für ein erfolgreiches Gerspräch oder eine überzeugende Präsentation.

Der Ausschlag über den Gesprächsverlauf und die Zielerreichung wird jedoch in der Ausübung der Gesprächsführung gegeben.

Behalten Sie das Heft in der Hand!

Alle Fallen in der Gesprächsführung sind aktive Strategieelemente der Schwarzen Rhetorik!

1. Falle/Strategieelement der Schwarzen Rhetorik:
«Anecken» ist notwendig, um Aufmerksamkeit zu erzeugen, aber achten Sie auf Ihre Gesprächsziele, Diskussionspartner und das Umfeld der Diskussion.

Gezielte Provokationen und bewusstes Querdenken sichern Ihnen den Erfolg, aber lernen Sie vorab, Ihre Gesprächspartner einzuschätzen, und bilden Sie die Realität sauber ab. Checken Sie dabei die Gesprächshierarchie gegen.

Hierarchien sind Unternehmens- und Gesprächsrealitäten, in denen Anregungen zum kritischen Querdenken und die kritische Stellungnahme erlaubt sind, aber beachten Sie die Grenzen. Strategisch haben Sie die Wahl,

- sich eine Gesprächsautorität anzueignen oder
- gegebene Autoritäten gegnerischer Gesprächspartner zu neutralisieren.

Bitte legen Sie sich Situationen zurecht, wo Sie diese Gesprächsfalle umschiffen und als Strategieelement der Schwarzen Rhetorik aktiv für Ihre Gesprächsführung nutzen.

Formulieren Sie es bitte schriftlich.

2. Falle/Strategieelement der Schwarzen Rhetorik:
Lernen Sie zunächst, sich Gehör zu verschaffen.

Nur, wenn Sie lernen, Ihre Argumente gezielt vorzutragen, und sich konsequent Gehör verschaffen, können Sie auch Inhalte «verkaufen».

- Schleifen Sie Ihre rhetorischen und dialektischen Fähigkeiten.
- Säubern Sie Ihre Sprache von verbalen Inkompetenz- und geistigen Bankrotterklärungen, schaffen Sie in Ihren Aussagen Fakten und geben Sie eine deutliche Orientierung.
- Klare Kernbotschaften und deutliche Positionierungen sichern Ihren kommunikativen Erfolg.

- Legen Sie sich vor wichtigen Gesprächen konsequent und professionell Ihre Botschaften zurecht, formulieren Sie Ihre Aussagen laut aus, dann stellen Sie am besten etwaige Ungereimtheiten fest.
- Formulieren Sie bewusst ausgefeilte Gegenpositionen aus, unterlegen Sie diese mit nachvollziehbaren Beispielen.
- Wiederholen Sie wichtige Botschaften immer wieder, nehmen Sie diese in unterschiedlichen Gesprächen oder Gesprächssequenzen immer wieder auf.
- Adjektive und Adverbien verstärken die Botschaft und verdeutlichen Ihre Aussagen.
- Untermauern Sie gezielte Provokation mit unumstößlichen Fakten und überlegenen Informationen.
- Initiieren Sie Gespräche, indem Sie mit provokanten Thesen die Diskussionspunkte vorgeben und für aufkommende Themen einen Rahmen setzen, blockieren Sie Nebenthemen.

Ein Beispiel:

In einem großen Pharmaunternehmen hatte der Betriebsrat geplant, eine Vertriebstagung zur Durchsetzung von langwierigen Verhandlungspunkten zu instrumentalisieren.

Der Geschäftsführungsvorsitzende ließ sich jedoch nicht auf dieses Spiel ein, ergriff am Anfang der Versammlung das Wort: «Da sich mit dem Betriebsrat eine vernünftige Regelung nicht herbeiführen lässt, bitte ich Sie um Verständnis, dass wir diese offenen Punkte hier nicht diskutieren, wir werden deshalb ohne konstruktiven Gegenvorschlag des Betriebsrates innerhalb der nächsten drei Tage den Schlichtungsausschuss anrufen. Dieser wird, meine Damen und Herren, sicher nicht die von Ihnen gewünschten Ergebnisse bringen … Ich wünsche Ihnen dennoch eine angeregte Diskussion mit den anwesenden Betriebsräten, werde dieser jedoch nicht beiwohnen. Einen schönen Tag noch.»

Der perplexe Betriebsrat sah seine Strategie umgeworfen und wurde auf der Veranstaltung verbal gesteinigt. Nachdem er vorher mehrere Wochen eine Blockadepolitik betrieben hatte, legte er am Tag nach der Vertriebstagung zerknirscht ein tragfähiges und konsensorientiertes Konzept vor, welches die Geschäftsführung gerne (!) annahm.

Die klare Positionierung aus einer Haltung der Konsequenz nötigte die Gegner zu einem nachhaltigen Einlenken, welches vorher nicht möglich erschien.

Der Witz dabei: Diese plausible Lösung war der Geschäftsführung in der Vorbereitung nicht bewusst, erst durch ein Coaching, welches mit dem Ziel angesetzt worden war, sich gegen Manipulationen durch den Betriebsrat zu wappnen und schlagfertig zu kontern, ergab sich dieser Königsweg einer gezielten Dialektik. Wenn sich also ein Szenario abzeichnet, wo Sie

- erwarten, auf Angriffe mit Gegenwehr reagieren zu müssen,
- auf vorgetragene Beschuldigungen mit Rechtfertigung kontern sollen,
- Fehlverhalten eines anderen erwarten und sich der Kritik ausgesetzt sehen,
- vor kritischem Auditorium sich verteidigen sollen,
- Niederlagen oder Respektlosigkeit befürchten,
- eine starke Positionierung von Gegnern erwarten,
- Manipulationen vorhersehen

dann gilt: Suchen Sie nach einer Möglichkeit, das Gegenteil des Erwarteten zu machen.

Geben Sie beispielsweise auch Fehler zu, gestehen Sie Fehlverhalten ein – verkehren Sie dann die Diskussionspunkte ins Gegenteil, indem Sie in der Diskussion aufzeigen, welche Konsequenzen für Sie daraus erwachsen und wie Sie und Ihre Gesprächspartner nun konstruktiv darauf aufbauen müssen.

Im oben genannten Beispiel wäre es auch weiterhin zur Verstärkung möglich gewesen,

- den Betriebsrat für seine Beharrlichkeit zu *loben* ... und seine daraus resultierende Sturheit, sein Fundamentieren der Blockade zu *verdammen*;
- ihn gezielter zu *provozieren*: «Sie können aufgrund Ihrer Rolle leider nur blockieren – versuchen Sie es nun doch einmal mit einem konstruktiven Gegenvorschlag!»;
- den Betriebsrat *pauschal zu verdammen* und dann gezielt in seiner Geschlossenheit aufzubrechen: «Nun ja, Gott sei Dank gibt es aus den Reihen des Betriebsrates heraus jedoch auch vernünftige Stimmen, die signalisert haben, dass Sie konkrete Gegenvorschläge unterbreiten möchten!»
- *einfließen* zu lassen, dass eine ähnliche Einstellung seitens des Betriebsrates bei einem Wettbewerber verheerende Konsequenzen für die gewünschten Verhandlungsergebnisse hatte – vorausgesetzt, Sie haben entsprechende *Infos;*
- einen *Umweg* zu beschreiten und die Vertriebler zu motivieren, dem Betriebsrat seine Haltung und die resultierenden Folgen nochmals deutlich zu machen;
- einen *letzten Lösungsvorschlag* zu unterbreiten, über den gerne gemeinsam entschieden werden könne seitens der Anwesenden, damit die Diskussionsbasis (vorab nur Betriebsrat, dann alle Anwesenden) verbreitert werde;
- *anzudeuten*, dass es nicht im Sinne der Geschäftsführung sei, diesen Weg einzuschlagen, dass aber die Halsstarrigkeit des Gegenübers dazu zwinge.

Bitte legen Sie sich Situationen zurecht, wo Sie diese Gesprächsfalle umschiffen und als Strategieelement der Schwarzen Rhetorik aktiv für Ihre Gesprächsführung nutzen.

Formulieren Sie es bitte schriftlich.

3. Falle/Strategieelement der Schwarzen Rhetorik:
Gespräche gewinnen Sie nicht durch Inhalte, sondern durch deren Verpackung.

Laurenz Meyer formulierte für den Wahlkampf einmal, dass man mit Inhalten keine Wahlen gewinnen könne. Sondern dass es die handelnden Personen seien, die Inhalte verkörpern.

Krasser: Inhalte sind die Basis, auf die Verpackung, das «Verkaufen» derselben mit überzeugender Persönlichkeit und Souveränität, «standing» und Professionalität kommt es letztlich an.

Dem Richter gestehen wir zu, über das Recht zu befinden, dem Arzt, die Gesundheit zu erhalten, dem Coach, die Lösung des Problems voranzutreiben. Dem Verkäufer, den Umsatz zu steigern, dem Finanzberater, unseren Finanzplan zu optimieren.

Und mit welcher Kompetenz ordnen Sie sich ein?

Nehmen Sie beispielsweise auch das Image, das sich Porsche aufgebaut hat. Natürlich verkauft diese Automobilfirma auch nur poliertes Blech, zerlegt in seine vielen Einzelteile, ist ein Carrera 4 Cabrio nur einen Bruchteil dessen wert, was der Interessent für den zusammengesetzten bezahlen muss. Doch die Verpackung macht hier den Unterschied, letztlich kauft der Kunde vor allem das Image und den «emotionalen Mehrwert» des Porschefahrens, die dieses Unternehmen über Jahre hinweg sorgfältig aufgebaut hat.

Bitte legen Sie sich Situationen zurecht, wo Sie diese Gesprächsfalle umschiffen und als Strategieelement der Schwarzen Rhetorik aktiv für Ihre Gesprächsführung nutzen.

Formulieren Sie es bitte schriftlich.

4. Falle/Strategieelement der Schwarzen Rhetorik:
Überwinden Sie Ihre Angst vor bestimmten Situationen, bekämpfen Sie Ihre Furcht vor «sprachgewaltigen» Gesprächspartnern und lernen Sie, Lampenfieber und Aufregung geschickt zu kanalisieren.

George Bernhard Shaw bezeichnete Angst als Triebfeder des Krieges, Josef Kirschner sieht Helden aus der Angst vor der Schande entstehen.

Und wir sprechen hier von Angst in vielerlei Hinsicht. In mannigfaltiger Ausprägung. Gespräche werden Sie immer verlieren, wenn Sie

- Lampenfieber oder übersteigerte Nervösität in kritischen Situationen überdeutlich zeigen,
- Angst oder Befürchtungen haben, Besitztümer oder Angestammtes zu verlieren,
- die Realität und damit verbundene Wahrheit ungewiss oder Angst einjagend ist.

Wer Angst vor gewissen Situationen hat oder sprachgewaltige Diskussionspartner fürchtet und sich in bestimmten Situationen unter Stress oder Aufregung erlebt, der hat nur eine Alternative, sprichwörtlich gesagt: «Friss oder stirb!»

Doch so hart ist die Realität nicht. Die Alternative für Gesprächssituationen, die uns Kopfzerbrechen oder ein ungutes Gefühl vermitteln, heißt stattdessen:

Blockieren Sie sich ruhig weiterhin selbst oder aber besser: Arbeiten Sie konsequent an dem jeweiligen kritischen Punkt!

Ein Beispiel:

Der Geschäftsführer – ein rationaler, sachbezogener Wissenschaftler – eines Industrieverbandes hatte zum wiederholten Male eine «Begegnung der ganz anderen Art», wie er es auszudrücken pflegte. Ein ihm bestens bekannter Journalist hatte ihn wieder einmal zum Interview geladen, ein gewiefter Medienprofi, der ihn bereits zweimal böse vor dem Publikum mit seinen Verbalattacken ausgebremst hatte. Er bekam panische Angst, befürchtete wiederum den dritten verbalen Knock-out.

Dieses Mal, so schwor er sich, läuft es anders. Eine ganze Woche lang bereitete er sich vor, ließ sich einen Tag coachen, ging alle eventuell anstehenden Fragen und seine Botschaften durch. Sagte zweitrangige Termine ab. Seine Konzentration galt dem Auftritt.

Anstatt sich – wie üblich – vierzehn Stunden im Büro aufzuhalten, ging er mittags eine Stunde spazieren, beendete gegen 17 Uhr seinen Arbeitstag – und programmierte sich auf seinen Auftritt. In Gedanken ging er immer wieder die typischen Fragen, gedachte verbale Angriffe und Vorwürfe durch.

Und er zog am Tag des Auftrittes einen Trumpf aus dem Ärmel, den er sich vorher hineingesteckt hatte. Anders, als es ansonsten sein Stil war, attackierte er den Journalisten bereits vor der Sendung: «Sie sind – und das sage ich Ihnen nun einmal vor unserem dritten Auftritt deutlich – ein selbstgefälliger Fatzke, der weder am Thema noch am Gesprächspartner ein besonderes Interesse hat und dessen eigene Profilierung im Vordergrund steht … – So, ich gehe jetzt einmal in die Maske!»

Der vollkommen überraschte Journalist blieb stehen und grollte vor sich hin.

Der Sendebeginn zum Verbraucherthema verlief dementsprechend. Kaum hieß es: «… und ab!», da holte der Journalist mit einem Verbalhammer aus, knallte dem Geschäftsführer seine erste Provokation an den Kopf – und erwartete einen Ablauf wie bei den vorhergehenden Interviews.

Doch überraschend lehnte sich der Geschäftsführer zurück, lächelte seinen Kontrahenten an und entgegnete: «Im Interesse der Zuschauer stellen Sie Ihre eigene Profilierung einmal hinten an und widmen sich dem Thema. Und verlassen Sie nun endlich einmal die provokative Schiene. Also zum Thema: Wir haben seitens des Verbandes …!»

Der wiederum überraschte Journalist spielte zähneknirschend mit und blieb (einigermaßen) sachlich.

Für den Geschäftsführer geriet sein dritter Auftritt endlich einmal zum Erfolg.

Und diesen hatte er sich vorgenommen!

Was lernen Sie daraus?

- Stellen Sie sich einer vermeintlichen Niederlage und setzen Sie alles daran, diese erfolgreich in einen Sieg umzumünzen.
- Niederlagen entstehen im Kopf, Siege auch.
- Erst, wenn Sie sich aufgeben, verlieren Sie eine Konfrontation. Kämpfen Sie stattdessen!
- Eine erwartete Niederlage, die auch folgerichtig eintritt, ist nachhaltig. Sie brennt in Ihrem Elefantengedächtnis.
- Eine Fliege macht noch keinen Sommer, eine Niederlage macht Sie noch lange nicht zum Dauerverlierer, haken Sie das Erlebnis ab – und ergreifen Sie die Initiative.
- Wappnen Sie sich vor Gesprächen, vor denen Sie zittern und Angst haben, mit gründlicher Vorbereitung.
- Es kommt auf den Inhalt an, aber Ausschlag gibt die Verpackung!
- Werden Sie sich über Ihre Ziele klar – und verfolgen Sie diese konsequent und mit professioneller Vorbereitung.
- Checken Sie ab, was passieren könnte, welche Fragen gestellt werden könnten, welche Themen eventuell angesprochen werden – und legen Sie sich die entsprechenden Antworten und Ihre wichtigen Botschaften zurecht.
- Starten Sie innere Dialoge, gehen Sie zu erwartende Gesprächssequenzen durch und formulieren Sie laut Ihre Entgegnungen und überlaut Ihre Positionen. Erst durch die laute Formulierung werden diese «abruffbar»!

Im oben angeführten Beispiel verpackte der Geschäftsführer seine Botschaft so, dass der Journalist nicht umhinkonnte, auf sein Verlangen einzugehen und «im Interesse des Publikums» sachlich zu bleiben, sachlich zu werden.

Bitte legen Sie sich Situationen zurecht, wo Sie diese Gesprächsfalle umschiffen und als Strategieelement der Schwarzen Rhetorik aktiv für Ihre Gesprächsführung nutzen. Formulieren Sie es bitte schriftlich.

5. Falle/Strategieelement der Schwarzen Rhetorik:
Pokern Sie auch einmal, wenn es notwendig ist.
Ein gelungener Bluff ist besser als eine nachhaltige, herbe Niederlage!

Ehrlich währt am längsten, klar. Doch es gibt auch Situationen, in denen ein guter, gekonnter Bluff gefragt ist – Situationen, in denen ansonsten eine herbe Niederlage anstehen könnte, die sich nachhaltig auf Ihr Privat- oder Berufsleben auswirkt.

Niederlagen sind keine (!) Ratenzahlungen für den Erfolg – vergessen Sie solche mitleidsbekundenden, erbaulichen Tiefschläge.

Setzen Sie stattdesssen auch einmal auf einen Bluff, der beispielsweise auf der Unsicherheit des Gegenübers aufbaut.

Ein Beispiel:

Ein mittelständisches Unternehmen hatte mich zu einem Vertriebsworkshop eingeladen – Ziel war, eine Neuorientierung im Vertrieb zu implementieren.

Der zweitägige Workshop fing auch dementsprechend «glücklich» an, hatte sich doch am Morgen der Vertriebsleiter krank gemeldet, der letztlich auch die Strategie zu vertreten hatte.

Prompt entstand Widerstand, den ich jedoch kanalisieren konnte. Die Teilnehmer konnte ich zu einer konstruktiven Zusammenarbeit bewegen.

Diese hielt allerdings gerade einmal zwei Stunden an. Es ging nämlich von einer Vertriebssekretärin ein Fax ein, dass der Vertriebsleiter geschasst sei, frei gestellt für den Arbeitsmarkt. Augenblicklich brandete ein unbeschreiblicher Jubel hoch. Sicherlich weder der Situation angemessen noch notwendig.

Als ich nun die Teilnehmer bewegen wollte, die nächste Arbeitseinheit aufzunehmen, zeigten sich alle renitent: «Das bringt doch gar nichts, wir packen jetzt unsere Sachen und beginnen das Wochenende!»

In der anschließenden Diskussion kristallisierten sich zwei besonders heftige Widerständler heraus, die sogar zusätzlich mit massiven Drohungen aufwarteten: «Herr Bredemeier, am besten halten Sie sich jetzt daraus, Ihr Auftrag ist hinfällig! Übrigens: Wenn wir jetzt das Seminar weiterlaufen lassen, wird sich sowieso eine dermaßen schlechte Bewertung für Sie ergeben – dass wir als Kunde ohnehin gegessen sind.»

Nach längerer Diskussion bat ich noch einmal um fünf Minuten Kaffeepause und um Abstand zur Debatte.

Die beiden Rädelsführer nahm ich zur Seite und informierte Sie über ein Spiel: «Also, wir spielen jetzt eine richtige Runde Poker.

Alternative eins: Wir brechen den Workshop nicht ab, Sie fahren entweder jetzt oder morgen Nachmittag nach Hause und beschweren sich massiv über diesen ‹unmöglichen Trainer›.

Ich fahre nach dem Workshop ebenfalls nach Hause, rufe aber am Montag Ihren Geschäftsführer an – und nehmen wir einmal hypothetisch an, dieser ist mir bestens bekannt – und empfehle ihm, sich ernsthaft Gedanken über Ihre Identifikation mit dem Unternehmen zu machen, da Sie bereit sind, ein sehr teures Seminar, allein bedingt durch die Anreise der Anwesenden aus der ganzen Republik, einfach zu ‹sabotieren›, ohne den konstruktiven Versuch zu unternehmen – unter Ausklammerung anstehender Personalfragen –, ein Diskussionspapier über die Neuorientierung der Strategie mitzuerarbeiten! Ich bin einmal gespannt, wer das bessere Blatt in der Hand hält.

Alternative zwei: Schwamm über Ihre destruktive Art, wir erarbeiten ein vernünftiges Ergebnis und beenden den Workshop so, wie er aufgesetzt wurde, Sie verpflichten sich aber zur Promotion und aktiven Mitarbeit! In zwei Minuten sind Sie deshalb bitte im Seminarraum oder bleiben draußen – Sie entscheiden!»

Zwei Minuten später ging der Workshop gemeinsam weiter, es wurde ein konstruktiver Prozess mit erstklassigen Ansätzen, die der später inthronisierte Vertriebsleiter direkt aufnahm. Zu einem der «Rädelsführer» habe ich immer noch einen sehr guten Kontakt, ist er schließlich doch in der Geschäftsführung und ließ sich sogar noch von mir eine Zeit lang auf diesen Job hin coachen.

Zugegeben: ein riskanter Bluff, kannte ich doch damals den Geschäftsführer nicht persönlich, doch die präsentierte «Auswahl» schloss die Möglichkeit eines immensen Konfliktes für die beiden mit ein.

Daraus lässt sich lernen:

- *Konfrontationsfelder* lassen sich erweitern; in diesem Fall stellt Feld eins das Seminar und Feld zwei die Bewertung bzw. das Gespräch mit dem Geschäftsführer dar.
- Spielregeln unterliegen Veränderungsprozessen, lassen sich jedoch *immer neu setzen.* Nehmen Sie niemals Spielregeln anderer an, wenn es Ihnen zum Nachteil gereicht, sondern *geben Sie Ihre eigenen vor.*
- *Jeder hat die Mitspieler, die er verdient,* erziehen Sie sich – falls notwendig – Ihre Mitspieler dementsprechend.
- Als Spielball gewinnen Sie niemals die Gesprächsführerschaft, seien Sie *Spielführer.*
- Unterschätzen Sie niemals das eigene Blatt in der Hand – doch wenn dieses ungenügend erscheint, überreizen Sie ruhig einmal mit einem gekonnten Bluff.
- Chancen erhält man ab und an, erarbeiten Sie sich deshalb Ihre *Zusatz-Chancen.*

… und letztlich gilt:

Setzen Sie deshalb immer auf eine positive Vorteilsargumentation beim Gegenüber.

Ihr eigener Vorteil muss in den Augen des Gesprächspartners (auch) zu seinem Vorteil gereichen – gegen seine Ziele und Wünsche, Absichten und erklärten Vorteile lässt sich nur Widerstand aufbauen, binden Sie diese deshalb professionell in Ihre Argumentation ein. Drei Kriterien sichern Ihre und seine Vorteilsargumentation:

- Überprüfen Sie Haltung und erklärte Argumentation des Gegenübers.
- Überbewerten Sie sein mutmaßliches Risiko und streuen Sie zusätzliche unbekannte Wirkfaktoren in das Gespräch ein!
- Lösen Sie seine Chancen und bewerteten Risiken in einer synthetisierenden Vorteilsargumentation auf.

Bedenken Sie: Keiner geht gerne unbekannte Risiken und Spiele mit sehr ungewissem Ausgang ein, lieber bleiben wir auf der sicheren Seite.

Zu einem Spiel um die Gesprächsführung gehören auch «Bluffs» – wenn Sie darauf verzichten, nutzt vielleicht Ihr Gegenüber seine Chance. Erhöhen Sie deshalb sein Risiko und lenken Sie auf eine Win-Win-Situation.

Bitte legen Sie sich Situationen zurecht, wo Sie diese Gesprächsfalle umschiffen und als Strategieelement der Schwarzen Rhetorik aktiv für Ihre Gesprächsführung nutzen.

Formulieren Sie es bitte schriftlich.

6. Falle/Strategieelement der Schwarzen Rhetorik:

Setzen Sie nicht nur auf die Macht und Magie der Worte, sondern auch auf die Gegenstrategie des Schweigens.

Schweigen ist eine Seite der Kommunikation, die nur wenige beherrschen und noch weniger Gesprächspartner zielorientiert und bewusst einsetzen.

Für viele ist es eine halbe Einwilligung, für andere ein schwer zu widerlegendes Argument, in einigen Situationen eine unerträgliche Antwort, die einen verbalen Machtkampf entscheiden kann.

Für George Bernhard Shaw war es der vollkommenste Ausdruck der Verachtung, für Pierre Reverdy die ärgste oder bescheidenste Form der Kritik.

In der aktiven Gesprächsführung ist Schweigen eine Falle, die zur Unsicherheit verleitet, da sie nach etwa ein bis zwei Sekunden zum unreflektierten Sprechzwang führt.

Nutzen Sie diesen Vorteil, schweigen Sie auch einmal, denn so redet sich so mancher Gesprächsteilnehmer anschließend um Kopf und Kragen oder bietet Ihnen leichtfertig einen Kompromiss an.

Hüten Sie sich davor, Schweigeminuten voreilig durch eigenen Sprechzwang zu verkürzen. Ersetzen Sie doch auch einmal fehlende Argumente durch ein bewusst provozierendes Schweigen – es ist eine Variante der Gesprächsführung.

Und sollte Ihr Gegenüber dennoch eine in Ihrem Sinne falsche Fehlinterpretation desselben ausführen, haben Sie immer noch die Gelegenheit, gegenzusteuern.

Die Wirkungsmacht dieser Taktik können Sie aus unserem Beispiel ersehen.

Bitte legen Sie sich Situationen zurecht, wo Sie diese Gesprächsfalle umschiffen und als Strategieelement der Schwarzen Rhetorik aktiv für Ihre Gesprächsführung nutzen.

Formulieren Sie es bitte schriftlich.

7. Falle/Strategieelement der Schwarzen Rhetorik:
Bitte beachten Sie genau die Rollendisposition und brechen Sie auch notwendigerweise Rollenzuweisungen («Paradigmenwechsel»).

Jedes Gespräch, jede Präsentation gibt Ihnen Rollen vor – da gibt es einerseits den problembehafteten Kunden (auch wenn man es ihm so natürlich nicht sagt) und anderseits den lösungsorientierten Berater.

Da gibt es auch den Einkäufer und auf der Gegenseite vom Schreibtisch den Verkäufer. Überdies gibt es in der Beziehung einen dominanten Partner, anderseits den still vor sich hinleidenden – wobei das nicht die einzige Konstellation ist.

Ein Beispiel:

In einem mittelständischen Unternehmen mit rund 1200 Mitarbeitern und einem Dreier-Vorstand präsentierte ich einst für einen Großauftrag zum Thema «Führung». Dabei ging es um die Revitalisierung des Unternehmensleitbildes, ein Gesamtvorstandscoaching und kaskadenhaft erwachsende Führungszirkel für einen strategischen Veränderungsprozess. Nach etwa anderthalb Stunden Präsentation und Gespräch hatte ich das Gefühl, mich «gut verkauft» zu haben, und erwartete nun nach Klärung aller Fragen die Auftragserteilung.

Übrigens – die Rollenverteilung bis dato war klar: der Dreier-Vorstand war Kunde und auf der Seite, den Daumen zu heben oder notfalls zu senken. Ich hingegen war im Dschungel der Gesprächsführung als Einzelkämpfer unterwegs, um mir den Auftrag zu ergattern.

Doch weit gefehlt. Zu früh gefreut. Auftrag? Nein.

Stattdessen erhob sich der Vorstand mit dem Schwerpunkt Personal, bedankte sich für die Ausführung und sagte, man werde voraussichtlich in ein bis zwei Wochen anrufen, um die Entscheidung mitzuteilen.

Die beiden anderen Vorstände erhoben sich ebenfalls – die Rollenverteilung wurde in diesem Moment nochmals manifestiert.

Was tun? Etwa eine «dumme Frage» stellen? «Entschuldigung, aber warum konnte ich Sie nicht überzeugen?» – Das wäre wirklich dumm in einer solchen Situation. Ruft die Frage doch Antworten auf, die den negativen Eindruck in diesem Moment verfestigen.

Etwa eine «clevere Frage» stellen? «Entschuldigung, aber was benötigen Sie noch an Zusatzinformationen, um sich heute bereits für die Auftragserteilung an mich durchringen zu können?»

Oder gar drohen? «Na, ob ich dann noch über die nötige Kapazität in meinem Team verfüge?!»

Alle drei Punkte hätten die Rollenfestschreibung forciert. Also anders.

Ich verabschiedete mich bei meinem ersten Gesprächspartner, dann beim zweiten.

In diese Verabschiedung, schon mit einem leichten Seitenblick auf den Vorstandsvorsitzenden, Gesprächspartner Nummer drei, ließ ich folgende Aussage einfließen: «Schön, wenn Sie mich in ein bis zwei Wochen anrufen, dann weiß ich auch, ob wir diesen Auftrag annehmen werden oder nicht. Denn der Berater, der diesen Prozess der Veränderung angeht, braucht Ihre vollständige Rückendeckung, meine Herren, und Sie sind sich nicht darüber im Klaren, ob Sie diesen Changemanagement-Prozess wirklich initiieren wollen.»

Es schlug ein wie eine Bombe, es gab eine totale Irritation.

Der Vorstandsvorsitzende bat mich, mich nochmals zu setzen, schließlich habe ich da sicherlich etwas falsch verstanden. Denn der Vorstand wäre auf jeden Fall von dieser Vorgehensweise und der Notwendigkeit eines solchen Prozesses überzeugt. Ich hielt dagegen, der Vorstand wiederholte nochmals seine Pro-Stellung, ich negierte sie erneut.

Es ging eine Zeit lang hin und her. Pro-Position, Infragestellung, Pro-Position, Infragestellung, Pro-Position, Infragestellung.

Aber – Sie sehen es schon, wir hatten plötzlich einen so genannten Rollentausch («Paradigmenwechsel»), den ich damals aus dem Bauch heraus eingeleitet hatte.

Hatte ich mich vorher verkaufen müssen, hatte nun der Dreier-Vorstand diese Rolle angenommen und verkaufte sich mir. Und die drei Herren, mittlerweile im Ruhestand, das Unternehmen ist heute fusioniert, waren richtig gut, redeten sich in Rage und überzeugten mich restlos, den Auftrag doch direkt anzunehmen.

Das Muster des Rollentausches ist so alt wie die Menschheit selbst.

Wir kennen es von unseren Kindern her. Zeigt ein Kleinkind einen Trotzkopf, so bauen sich sehr schnell Fronten auf, die sich durch einstimmige Rollenzuteilung ruckzuck verhärten. Das Kind will etwas durchsetzen, wir wollen es verhindern.

Schön sind diese Auseinandersetzungen immer in der Fußgängerzone vor einem größeren und interessierten Publikum, welches in wenigen Fällen Mitleid, in einigen Fällen Häme und in den meisten Fällen Unverständnis für den Erwachsenen hat, der mit seinem bockenden Kind nicht klarkommt.

Sie lernen daraus:

- Rollenzuschreibungen und festgefahrene Rollendispositionen erleichtern Ihnen die Gesprächsführung nur dann, wenn Sie selbst den Daumen senken oder heben können.
- Sind Sie in einer verteidigenden, rechtfertigenden oder bittenden Rolle, dann arbeiten Sie daran, Ihre Ausgangslage zu verbessern, indem Sie das Muster verändern.
- Gesprächsführung sichern Sie sich konsequent, wenn Sie außerdem das Frage-Antwort-Muster (Vorwurf–Rechtfertigung) in kritischen Gesprächssequenzen durchbrechen.
- Überlegen Sie sich im Vorfeld zu wichtigen Gesprächen, welche Möglichkeiten des Paradigmenwechsels es gibt,
- Legen Sie sich bewusst Gegenargumentationen Ihrer Gesprächspartner zurecht.

Bitte legen Sie sich Situationen zurecht, wo Sie diese Gesprächsfalle umschiffen und als Strategieelement der Schwarzen Rhetorik aktiv für Ihre Gesprächsführung nutzen.

Formulieren Sie es bitte schriftlich.

8. Falle/Strategieelement der Schwarzen Rhetorik:
Überprüfen Sie grundsätzlich Gesprächsvorgaben und Präsentationsgrundlagen.

Manipulationen erfolgen primär dort, wo Gesprächspartner auf Nebenthemen fokussiert werden und dabei übersehen, dass sie einer falschen Gesprächsgrundlage aufgesessen sind.

Ein Beispiel:

Der Inhaber einer Werbeagentur präsentiert vor einem kleinen Kreis von Geschäftsleuten für seine Agentur. Seine nicht sehr aufwendige Präsentation ist folgendermaßen aufgebaut:

«Meine Damen und Herren,

warum sollten Sie sich heute für unsere Agentur entscheiden? … Ich zeige Ihnen im Nachfolgenden die Hauptkriterien für eine Agenturauswahl auf und ergänze das jeweils durch einige Hinweise auf unsere Agentur. Entscheiden Sie bitte, ob Sie am jeweiligen Kriterium einen Haken anbringen können … Es sind fünf Aspekte zu berücksichtigen:

- Ausgewiesene Expertise und Professionalität
  Zu uns lässt sich dazu festhalten, dass wir …
- Flexibilität je nach Arbeitsanfall
  Zu uns lässt sich dazu festhalten …
- Erstklassige Referenzen
  Unsere Referenzen sind …
- Ein überzeugendes Kosten-Nutzen-Verhältnis
  Unsere Leistungen sind …

- Unsere persönliche Ansprechpartner
  Wir bieten Ihnen an …

Und deshalb: Bitte entscheiden Sie sich für uns!»

An dem Beispiel wird deutlich:
- Hier benennt jemand Kriterien, wobei er seine Gesprächspartner auffordert, die Überprüfung der Erfüllung genaustens durchzuführen.
- Die Frage, ob es allerdings die richtigen Kriterien sind, lenkt er geschickt um.
- Das Nebenthema (Erfüllung: ja oder nein!) wird zum Gesprächsgegenstand, somit erfolgt eine lupenreine Manipulation.

Selbstverständlich legen wir so unseren Gesprächspartnern Scheuklappen der Wahrnehmung an und zeigen ihnen, was sie zu betrachten haben, welcher Punkt Gegenstand ihrer Betrachtung ist oder zumindest sein sollte.

Die Wahrheit wird zur Halluzination des Wahrnehmenden, die Realität verschwimmt in der Glaubhaftmachung.

Ein anderes Beispiel, wie so eine Gesprächsfalle ebenfalls aufgebaut werden kann:

Situation ist der «Beauty-Contest», der Schönheitswettbewerb von Beratern bei einem Klienten. In der Vorauswahl hatte man sich bereits auf fünf Präsentationen geeinigt, nur die besten Strategieberater waren eingeladen.

Wie gewinne ich nun eine solche Präsentation – vorausgesetzt, der Sieger steht noch nicht fest … aufgrund irgendwelcher engen Verbindungen zu Lobbyisten im Vorstand.

Eine manipulative Präsentation seitens des einen Beratungsunternehmens könnte nun so ablaufen:

«Meine sehr geehrten Damen und Herren,

warum sollten Sie sich in diesem Beratungsprojekt nun für uns entscheiden? … Sicherlich sind es nicht die Vorgehensweise, die Beratungstools, unsere Expertisen oder die Investitionen – diese sind bei den Wettbewerbern vergleichbar.

Sie sollten sich für uns entscheiden, weil wir Ihnen bereits im Vorfeld deutlich sagen, welche Schwächen und möglichen Gefahren sich in diesem Beratungsprozess ergeben. Weil wir offen und ehrlich zu Ihnen sind. Weil wir Ihnen jederzeit klaren Wein einschenken. Es gibt drei Knackpunkte in diesem Projekt, das sind:

- …
- …
- …

Fragen Sie sich bitte, ob unsere vorauspräsentierenden Wettbewerber diese Punkte auch ansprachen und wenn nicht, warum wohl nicht.

Hat man diese Punkte nicht erkannt oder hat man Ihnen diese Punkte bewusst verschwiegen? …»

Ob Sie als Erster präsentieren, als Dritter von fünfen oder das Glück der Abschlusspräsentation haben – der Trick lässt sich jederzeit anwenden. Hier wird eine Schleife des Misstrauens angelegt, die sich für jeden darauf einlassenden Betrachter zu einer Schlinge entwickelt, in der er sich verfängt und den vorgegebenen Wahrnehmungsraster angelegt bekommt – sich aber selbst keine distanzierte Wahrnehmung mehr herausbildet.

Lernen Sie bitte Folgendes daraus:

- Je deutlicher Ihnen ein *Überprüfungsraster* vorgegeben wird, desto kritischer müssen Sie ihn überprüfen.
- Bieten sich Kriterien der Überprüfung oder für Sachverhalte an, dann sorgen Sie bitte für einen notwendigen *Gegencheck*.
- Aufgesetzte, oktroyierte *Wahrnehmungsraster* sind eine herrliche Grundlage der Manipulation.

- Davon ableitbar sind *bewusste Emotionalisierungen* ebenso einzuordnen: «Achten Sie einmal auf Herrn Müller, der schaut Sie in Sitzungen immer so komisch und zweifelnd an ...!»
- *Mobbing basiert auf dem gleichen Schema.* Dabei werden häufig ganz bewusst bestimmte Scheuklappen für die Wahrnehmung gesetzt.

Ein einfaches Beispiel für das Thema «Mobbing»:

In einer Frauenzeitschrift hatte ein Psycholge einen Zehn-Punkte-Katalog aufgesetzt, woran jemand sich selbst als «Mobbing-Opfer» identifizieren könne. Unter anderem wurden Punkte genannt wie:

- Sie werden manchmal von Kollegen oder Kolleginnen ungerecht behandelt.
- Sie finden nicht immer mit allen Ihren Gesprächen und Vorträgen die Anerkennung, die Sie sich wünschen.
- Manchmal schaut man Sie so komisch von der Seite an.
- Ihre Kollegen und Vorgesetzten loben Sie zu wenig.
- Es fehlt manchmal Ihnen gegenüber der nötige und erwünschte Respekt ...

Na, fühlen Sie bereits auch als Mobbing-Opfer? Wer eine solche Wahrnehmungsrasterung zur Überprüfung seiner eigenen Person anlegt, der wird sehr schnell zum Opfer. Der Täter ist in diesem Fall jedoch nicht ein «Mobber», sondern hier eindeutig der Psychologe!

Übrigens in – Vorsicht Satire! – eigener Sache:

- Leiden Sie manchmal unter Versprechern?
- Haben Sie bereits einmal in einem Gespräch den Faden verloren?
- Haben Sie bereits einmal dabei das gesetzte Ziel nicht erreicht?
- Ist Ihnen zumindest eine Führungskraft oder ein Kollege, eine Kollegin sprachlich gewachsen oder überlegen?
- Fühlen Sie sich manchmal unsouverän oder passieren Ihnen unprofessionelle Dinge – ganz gleich welcher Art?

Bei mindestens einer Frage, die Sie mit «Ja!» beantworten (Vorsicht: immer noch Satire!), rate ich Ihnen dringend zum Kauf meiner anderen Bücher und zu dem Besuch aller Seminare, die ich anbiete, da Sie in diesem Falle unter einem massiven kommunikativen Defizit leiden.

Bitte legen Sie sich Situationen zurecht, wo Sie diese Gesprächsfalle umschiffen und als Strategieelement der Schwarzen Rhetorik aktiv für Ihre Gesprächsführung nutzen.

Formulieren Sie es bitte schriftlich.

9. Falle/Strategieelement der Schwarzen Rhetorik:
Ihre Position ist das A und O, ist Anfang und Ende.

Oder anders gesagt: «Getretener Quark wird breit, nicht stark.» (Goethe)

Die eigene Botschaft und Position ist das A und O für jeden Vortrag, jede Präsentation und jede Gesprächssequenz. Dabei gilt es, Folgendes zu beachten:

- Mit der Anzahl der Wiederholung wächst beim Rezipienten, dem Empfänger einer Botschaft, die Bereitschaft zur Akzeptanz.
- Wer sich und seine Botschaft zu früh aufgibt, scheitert im Gespräch.
- Auf die Penetrierung einer Botschaft, auf die ständige Wiederholung, lenken Gesprächspartner häufig entweder ein oder versuchen mit einer Ausweitung der eigenen Argumentation eine Entkräftung. Und hier nun gilt Goethes: «Getretener Quark ...»!

Und so penetrieren Sie Ihre Botschaft richtig.

1. Wiederholen Sie Ihre Botschaft immer wieder in den gleichen Worten – hier zählt der *Aspekt der stereotypen Wiederholung*: «Nochmals: ...!», «Ich sagte bereits: ...!»
2. Quantifizieren Sie Ihre Wiederholung – *Aspekt der Multiplikation*:

«Also: Es gibt viele andere im Unternehmen, die sind sich sicher, dass ...!», «Da sind wir uns in der Abteilung einig ...»

3. Qualifizieren Sie Ihre Botschaft – *Aspekt der Qualifikation:* Beziehen Sie sich auf Verstärker, die Ihre Position untermauern: «Der heutige Zeitungsartikel bestätigt es noch einmal, dass ...!», «Unser Kunde hat auch nochmals darauf hingewiesen, dass ...!»

Im Gegenzug gilt deshalb: Überprüfen Sie Positionen, die man Ihnen vorgibt, auf diese Aspekte der stereotypen Wiederholung, Multiplikation und Qualifikation.

Bitte legen Sie sich Situationen zurecht, wo Sie diese Gesprächsfalle umschiffen und als Strategieelement der Schwarzen Rhetorik aktiv für Ihre Gesprächsführung nutzen.

Formulieren Sie es bitte schriftlich.

10. Falle/Strategieelement der Schwarzen Rhetorik

Vermeiden Sie typische Argumentationsfallen und vordergründige, unzureichende Scheinargumente.

Nicht jeder setzt jederzeit bewusst Manipulationstechniken zielorientiert ein oder verwendet bewusst Scheinargumente. Manchmal resultieren diese auch aus dem Erklärungszwang, aus der Hilflosigkeit.

Nachfolgend erhalten Sie die wichtigsten Argumentationsfallen und Scheinmanöver präsentiert, die Sie kennen müssen, um in der Gesprächsführung die Oberhand zu behalten.

Hier verweise ich auf Ansätze aus dem Buch «Manipulationstechniken» von Andreas Edmüller und Thomas Wilhelm, wobei gerade unter den Argumentationstechniken nichts anderes als eine Diversifizierung innerhalb der Alternativtechnik zu sehen ist.

Die Schwarz-Weiß-Argumentation/ Argumentationsfehlschlüsse

Bitte vergleichen Sie hierzu die Fragetechnik im Abschnitt Alternativfragen (S. 161). Es werden bei dieser Technik die Alternativen auf «Entweder-oder» reduziert. Entweder gilt es sich für A zu entscheiden oder für B. Weitere Alternativen sind unzulässig oder nicht vorgesehen.

Mögliche weitere Alternativen werden dabei manchmal zusätzlich ausgeklammert, sodass sich ein weiteres Vorgehen auf letztlich nur zwei mögliche Wege reduziert.

Beispiele:

«Entweder Sie entscheiden sich dafür oder dagegen!»

«Entweder stellen Sie sich hinter den Vorschlag oder gegen die Belegschaft!»

Gegenstrategie:

Der «goldene» Mittelweg – ein Kompromiss, beispielsweise die Akzeptanz der Vorgehensweise mit zusätzlichen Rahmenbedingungen.

Eine falsche logische oder zeitliche Argumentationsabfolge

In der Argumentation wird eine falsche Abfolge von Ereignissen oder von Themen in einer Kausalkette logisch oder zeitlich aufgezählt.

Beispiel:

«In unserem Vorgehen müssen wir nacheinander folgende Schritte einleiten.

- Zuerst A, nämlich …,
- dann B, nämlich …,
- und zuletzt C, nämlich …

Wiederum zeigt sich eine eingeschränkte Argumentationskette, die keine

Parallelprozesse zulässt und sich zwar logisch oder zeitlich plausibel anhört, aber es nicht unbedingt sein muss.

Gegenstrategie:

Leiten Sie andere Schritte ab oder regen Sie an, Parallelprozesse zu gestalten. Damit sprengen Sie erfolgreich diese falsche Argumentationsfolge und das zugrunde liegende Denkmuster.

Der Pseudobeweis der Analogie

Die Analogiefalle beruht auf der Gleichsetzung einer Aussage mit einer Analogie, die beispielsweise auf einer Gesetzmäßigkeit, einem Physik- oder Naturgesetz beruht.

Natürlich muss es nicht jedes Mal «klar wie Kloßbrühe» sein, aber so läuft es.

Beispiele:

- «Der Venture-Kapitalmarkt ist zurzeit versiegt, so wie jede Quelle versiegt, die einen anderen Abfluss erhält.»
- «Sie werfen den Banken vor, dass Sie den Anleger über den Tisch ziehen? Da können Sie ja direkt jeden Anleger entmündigen lassen!»

Gegenstrategie:

Lehnen Sie die Analogie als unbegründet oder als Fehlschluss ab: «Sie wissen genau, dass Sie gerade Äpfel mit Birnen vergleichen!»

Das Argument der Unausweichlichkeit

In Kontrastierung seiner Argumentation skizziert der Gesprächspartner den Gegenansatz als «unausweichlich», katastrophal in seinen Folgen und als nicht gehbar.

Beispiel:

«Wir müssen uns für das Atomkraftwerk aussprechen – ansonsten fallen wir in die Zeit vor der industriellen Revolution zurück. Und zwar in jeglicher Hinsicht!»

Gegenstrategien:

- Zeigen Sie auf, warum die Konsequenzen sich nicht «unausweichlich» und zwangsläufig einstellen (inhaltliche, fundamentierte Gegenargumentation).
- Zeigen Sie die positive Auswirkung des gezeichneten Szenarios auf.
- Benennen Sie mögliche Abweichungen und zeigen Sie Kompromisse auf.

Das Argument der Negativspirale

In der Negativspirale werden kleine Schritte der Veränderung zwangsläufig so ausgeweitet, dass sie letztlich in der ganz großen Katastrophe enden.

Beispiel:

«Wir fokussieren uns auf dieses neue Produkt, vernachlässigen unseren bisherigen Markt, verlieren systematisch Marktanteile, setzen noch mehr Hoffnung auf das neue Produkt, verlieren noch mehr Marktanteile und können dann den Laden bald zumachen!»

Gegenstrategie:

- Zeigen Sie außer Acht gelassene Vorteile auf.
- Informieren Sie über Chancen.
- Benennen Sie die Negativspirale.

Bitte legen Sie sich Situationen zurecht, wo Sie diese Gesprächsfallen umschiffen und als Strategieelement der Schwarzen Rhetorik aktiv für Ihre Gesprächsführung nutzen.

Formulieren Sie es bitte schriftlich. Bilden Sie Beispiele für:

- die Schwarz-Weiß-Argumentation,
- falsche zeitliche oder logische Argumentationsabfolge,
- den Pseudobeweis der Analogie,
- das Argument der Unausweichlichkeit,
- die Negativspirale.

Die Präzisions- und Beweisfalle

In dieser Gesprächsfalle werden Argumente, Informationen oder Zahlen, Statistiken oder Belege angeführt, die die vorhergehende Aussage unterstreichen und mit scheinbarer Präzision die inhaltliche Angabe untermauern sollen.

Beispiel:

«83 Prozent aller Frauen werden gemobbt, bei den Männern sind es hingegen 78 Prozent!»

Woher stammen diese genauen Zahlen? Sind es absolute Zahlen, oder entspringen sie einer statistischen, demografischen Erhebung?

Wurden tatsächlich alle Männer und Frauen befragt? Mit hoher Wahrscheinlichkeit nicht.

Außerdem wird nicht gesagt, dass diese Damen und Herren sich gemobbt fühlen, sondern es tatsächlich sind.

Gegenstrategie:

- Verlangen Sie die Hintergründe der Zahlen.
- Überprüfen Sie auch bei Präsentationen die Beschriftung der X/Y-Achsen.
- Bei statistischen Aussagen achten Sie bitte auf die Angabe des Erhebungsjahres.

Die Autoritäts- oder Fremdwortfalle

Zur Beweisunterlegung werden im Gespräch Experten oder Autoren, Geschäftsführung oder Vorstand, renommierte Persönlichkeiten oder bekannte Institutionen angeführt.

Eine Variante besteht im Anführen von Fachbegriffen, die eine Pseudolegitimierung vorspiegeln.

Beispiele:

- «Dass wir eine neue Art der Verantwortung tragen müssen, hat bereits Hans Jonas in seinem Buch ‹Das Prinzip Verantwortung› 1979 unterstrichen, ein Ansatz, mit dem er übrigens mit dem Friedenspreis des Buchhandels ausgezeichnet wurde. Diesen Ansatz präferiere ich übrigens auch, ich habe ihn soeben dargelegt.»
- «Den gerade skizzierten Ansatz bezeichnen Experten übrigens als ‹Paradigmenwechsel› – Sie sehen, ein bekannter und akzeptierter Ansatz.»

Gegenstrategie:

- Überprüfen Sie, ob sich der Ansatz in der Konsequenz ergibt oder nur übertragen wird.
- Fragen Sie bei genannten Expertisen und als solchen bezeichneten Experten nach, wenn Sie diese nicht kennen.
- Leuchten Sie den Kontext aus.
- Fordern Sie hinreichende Beweislegung und eine dezidierte Darlegung.

Die Konsens- und Evidenzfalle

Die vorgetragene Argumentation behauptet eine allgemein anerkannte oder anzuerkennende Position. Dabei wird ein verbindliches Wert- oder Normensystem vorausgesetzt oder an den «gesunden Menschenverstand» appelliert bzw. eine Einstimmigkeit vorausgesetzt, die bei näherer Betrachtung hinfällig ist. Ergänzt werden solche Argumente häufig durch Formulierungen wie

- «Es ist unbestritten, dass ...»
- «Wir sind uns bereits einig in ...»
- «Jeder weiß heute doch, dass ...»
- «Es ist nachweisbar, dass ...»
- «Es liegt auf der Hand ...»
- «Logisch, jeder ...»
- «Der gesunde Menschenverstand sagt uns ...»
- «Es erfordert die Situation, dass ...»
- «Der Verstand sagt uns ...»

Beispiele:
- «Jeder, der sich mit dem Thema intensiv beschäftigt hat, weiß ...!»
- «Wir sind uns in der gesamten Belegschaft einig darüber, dass ...!»

Gegenstrategie:
- Eine Ausnahme bestätigt keinesfalls die Regel.
- Überprüfen Sie, ob der Konsens wirklich konsensfähig ist – oder nur behauptet wird.
- Checken Sie gegen, ob behauptete Einstimmigkeit abgefragt wurde oder es sich nur um einen demokratischen oder gar oligarchischen Konsens handelt.
- Überprüfen Sie beispielsweise bei Betriebsratsaussagen, ob der Betriebsrat eine Position behauptet, die er sich als Konsens aus dem Gewähltsein in der Funktion ableitet.
- Verlangen Sie eine nähere Ausführung der Behauptung und der zugrunde liegenden Beweisführung.

Die Versicherungsargumentation und persönliche Autoritätsfalle

Der Beweis wird dabei auf eine Versicherung oder Garantieerklärung reduziert. Ein Zweifel oder Kritik an der Argumentation wird persönlich genommen und die eigene Autorität in die Waagschale geworfen. Typische Formulierungen sind:

- «Ich garantiere Ihnen …»
- «Ich habe bereits erfahren dürfen, dass …»
- «Es besteht kein Zweifel daran …»
- «Bitte akzeptieren Sie einfach …»
- «Als Fachmann sage ich Ihnen …»
- «Der Kunde versicherte mir …»

Beispiele:

- «Ich habe mich bereits darüber informiert. Der Kunde steht hinter dieser Entscheidung …!»
- «Ich bitte Sie einfach, mir zu glauben, dass …!»
- «Lassen Sie es bitte einmal so stehen.»

Gegenstrategie:

- Lassen Sie sich die Werte begründen.
- Fassen Sie nach der Grundlage der Behauptung nach.
- Fordern Sie eine weiter reichende Grundlage der Erklärung.

Bitte legen Sie sich Situationen zurecht, wo Sie diese Gesprächsfallen umschiffen und als Strategieelement der Schwarzen Rhetorik aktiv für Ihre Gesprächsführung nutzen.

Formulieren Sie es bitte schriftlich.

Bilden Sie Beispiele für:

- die Präzisions- und Beweisfalle,
- die Autoritäts- und Fremdwortfalle,
- die Konsens- und Evidenzfalle,
- die Versicherungs- und persönliche Autoritätsfalle.

11. Falle/Strategieelement der Schwarzen Rhetorik:

Machen Sie sich mit Demagogie vertraut!

Professor Walter Ötsch hat in seinem Buch «Haider light» sehr dezidiert die Grundlagen der Demagogie beschrieben und am Beispiel von Jörg Haider nachgewiesen.

In einer Zusammenfassung lernen Sie nun die wichtigsten Regeln zur Überprüfung von Positionen kennen. Bitte seien Sie auf der Hut bei den nachfolgend dargelegten Punkten.

Laut Ötsch definiert sich Demagogie als Duden-Begriff (S. 11)

- «als die Kunst, andere durch leidenschaftliche Reden politisch zu verführen;
- (abwertend) Volksaufwiegelung, Volksverführung, politische Hetze».

Ötsch führt auch an, dass das Polit-Magazin des ZDF «Frontal» Haider am 12. Oktober 1999 als «skrupellosen Demagogen» bewertete. Vor dem Landesgericht Wien wertete der Richter diese Bezeichnung als «rein politische Kritik» – Haiders Anwalt zog daraufhin die Klage zurück.

Lösen wir die Muster einmal aus dem politischen Umfeld, so ergeben sich Muster, die sich für unsere tagtägliche Kommunikation ebenso ableiten lassen.

Bitte achten Sie auf die nachfolgend dargestellten Muster (in Auszügen bei freier Wiedergabe):

- Die Botschaft muss einfach und klar sein, eine deutliche Orientierung geben und dem geneigten Zuhörer einen nachvollziehbaren Weg des Handels oder Denkens aufzeigen.
- Das Weltbild wird polarisiert und auf den einfachen Nenner des «Wir» und «die anderen» gebracht, wobei die anderen zum Feindbild stigmatisiert werden.
- Alle Inhalte werden auf eine einzige Kernbotschaft reduziert: zur Bedrohung des «Wir».

- Das «Wir» wird mit positiven Eigenschaften und Charaktereigenschaften belegt, «die anderen» negativ besetzt. Beispielsweise: «moderne Menschen» – «Korruptionisten».
- Es gibt nur eine Schwarz-Weiß-Welt. «Wir» sind die «Guten», «die anderen» «Gauner».
- Eine Differenzierung des «Wir» oder «der anderen» findet nicht statt. Es erfolgt eine Gutheißung oder Verdammung in kollektiver Sippenhaft.
- Je nach Vorwurf variiert die Zuordnung von «wir» und «die anderen» – abhängig von der jeweiligen Zielgruppe und Gesprächszielen.
- Es kristallisiert sich ein «Super-Wir» in der Person oder Partei des Demagogen.
- Die Position des «Super-Wir» wird als durch Gehirnwäsche oder Gräuelpropaganda, durch zugewiesene Außenposition oder Meinungsmache «gefährdet» herausgestrichen.
- Fehler werden nicht zugegeben, es kann höchstens eine Fehlinterpretation sein.
- Zur Verstärkung der eigenen Aussagen werden «Sündenböcke» adressiert: Bürokraten, Rechthaberische, Ausländer.
- Das erklärte Weltbild wird durch erfundene oder nicht nachprüfbare Einzelfälle bestätigt.
- Ideenreich werden belegbare Fakten mit erfundenen Statistiken oder behaupteten Zahlen widerlegt.
- Die Agitation wird auf emotionale und emotionalisierbare Thesen reduziert, die Argumentation auf diese fokussiert.
- Sachthemen werden emotionalisiert, teils mit einer drastischen, bildhaften Sprache belegt («da wiehert der Amtsschimmel»).
- Sprachliche Neuschöpfungen oder bildhafte Parallelen werden gesetzt («Völkerwanderung»).
- «Die anderen» werden persönlich attackiert und diffamiert («Ferdinand der Ahnungslose»).

- Gegner werden hinsichtlich ihrer körperlichen Merkmale attackiert («Bürgermeister, renitenter Alt-Sechziger», Präsident, mehr breit als hoch geworden … symptomatisch für diese Denkensart»).
- Es wird der anderen Seite massive Gewaltbereitschaft attestiert und, falls nicht nachweisbar, zumindest als «Frage der Zeit» unterstellt.
- Selbst Mitleid wird in Abrede gestellt, schlechte Motive hingegen werden unterstellt.

Die Palette, das Kaleidoskop lässt sich beliebig erweitern.

Wer sich genauer mit diesem Thema beschäftigen möchte, dem sei das interessante und akribisch recherchierte Werk von Walter Ötsch zur Literatur empfohlen.

Für Sie gilt:

Falls Sie einmal die Meinungsführerschaft oder Themenführerschaft baden gehen sehen, es nicht erklären können, dann setzen Sie sich bitte hin und überprüfen, ob ähnliche Muster auch gegen Sie angewendet werden.

Gegenstrategie:

Zeigen Sie die Muster konsequent auf – betrachten Sie dazu die Eskalationsstufe III (Konfrontationsbeendigung auf der Metaebene, S. 84).

IV. Macht und Magie der Fragetechnik

> Schwarze Rhetorik ist die manipulative und gesprächsbestimmende Möglichkeit, sich aller notwendigen rhetorischen, dialektischen, eristischen und rabulistischen Kunstgriffe zu bedienen, nicht nur das Gespräch zu führen, sondern es zielorientiert in die gewünschten Bahnen zu lenken und gleichzeitig den Gesprächspartner oder das Publikum zu dem beabsichtigten Ergebnis zu führen.

Die alte Dialektikregel «Wer fragt, der führt!» gilt für unsere Kommunikation schon lange nicht mehr, auch wenn sie in den meisten Kommunikationsseminaren nach wie vor den Teilnehmern als professionelle Managementregel unter die Nase gerieben wird. Sokrates erhielt den Schierlingsbecher, weil er zu viele, wenn auch die richtigen Fragen stellte.

Schwarze Rhetorik bedient sich deshalb konsequent einer ausgefuchsten und differenzierten Fragetechnik.

Deshalb korrigiere ich gerne auch meine Aussage in «Provokative Rhetorik? Schlagfertigkeit!», wo ich eben diese Aussage auch getätigt habe.

Fragezeichen sind also kein Zeichen der Intelligenz, wie es immer wieder behauptet wird, sondern sind in vielen Fällen *Fragezeichen der Intelligenz.*

Ein Beispiel dafür lieferte im Jahre 2001 das österreichische Nachrichtenmagazin «Profil» mit einer Rubrik unter dem Titel «Frage der Woche».

Aus Anlass der österreichischen Gemeinderatswahl in Wien wurden die Spitzenvertreter der Parteien gefragt:

- Warum soll der Wähler nicht die Gegenpartei wählen?
- Was spricht eigentlich gegen die anderen Parteien?

Dass diese Fragen letztlich von schwarzer Rhetorik geprägt waren, ist durchschaubar. Denn eigentlich waren die Spitzenpolitiker in Wien aufgerufen, negativ gegen die Wettbewerber Position zu beziehen, die Fragen luden nicht zu einer aktiven Positionierung ein.

«Profil»:	Helene Partik-Pablé, FPÖ:
«Warum soll man die SPÖ nicht wählen?	Gegenfrage: Warum soll man?
Warum soll man die ÖVP nicht wählen?	Gegenfrage: Warum soll man?
Warum soll man die Grünen nicht wählen?	Gegenfrage: Warum soll man?
Warum soll man LIF nicht wählen?	Gegenfrage: Warum soll man?»

Quelle: «Profil» 12 vom 19. März 2001, Seite 28

Die Kandidatin der FPÖ, Dr. Helene Partik-Pablé, zeigte also eindrucksvoll auf, was jemand, der nur Fragen beantwortet, falsch machen kann: Verzicht auf die eigene Positionierung, stattdessen – 'tschuldigung – dumme Gegenfragen, die den Leser aufforderten, sich eine Positivargumentation für den politischen Gegner (!)einfallen zu lassen.

Übrigens: Frau Helen Partik-Pablé ging bei dieser Wahl sprichwörtlich «baden». Wundert es Sie?

Denn warum sollten die Wiener Frau Partik-Pablé wählen? Gegenfrage: Wußte es denn jemand? Oder: Warum ging sie unter?! Übrigens zu Recht.

Wie hätte also das Gespräch ablaufen müssen? Geben wir für Frau Partik-Pablé die Antworten, die zu geben sie nicht in der Lage war:

«Profil:	Helene Partik-Pablé, FPÖ:
Warum soll man die SPÖ nicht wählen?	Weil die FPÖ im Gegensatz dazu strategisch sichere Arbeitsplätze

	schafft, und davon profitieren unsere Wähler, aber auch alle Wiener und letztlich die Region Wien.
Warum soll man die ÖVP nicht wählen?	Weil im Gegensatz dazu die FPÖ bereits bewiesen hat, dass wir städtische Nischenmärkte schaffen – und davon profitieren wir Wiener.
Warum soll man die Grünen nicht wählen?	Weil im Gegensatz dazu die FPÖ…
Warum soll man LIF nicht wählen?	Weil im Gegensatz dazu die FPÖ …»

Ich verweise hier gerne noch einmal auf meine Differenzierung und auf genannte Beispiele in «Provokative Rhetorik? Schlagfertigkeit!», Seite 184, 7. Auflage 2001.

Fragen können

Gesprächspartner beschwichtigen	oder	provozieren
Fakten schaffen	oder	Tatsachen verschleiern
Einschätzungen abrufen	oder	suggerieren
animieren	oder	demotivieren
sich auf den Fragegegenstand	oder	auf die Person beziehen
zum Gespräch motivieren	oder	Gesprächsabbruch führen
Erlebnisse erfragen	oder	abfragen
Einschätzungen einfangen	oder	Fehleinschätzungen aufrufen
Erklärungen erbitten	oder	Rechtfertigung verlangen
zu Beschreibungen aufrufen	oder	die Schotten herunterklappen

und das aufgrund ihrer Facettenhaftigkeit.

Grundregeln zum Fragen

Es gibt jede Menge dummer Fragen

Dumme Fragen sind die Fragen, wo Sie von Anfang an wissen, wie die Antwort lauten wird, Sie diese nicht hören wollen, aber trotzdem abrufen.

Mit dummen Fragen geben Sie die Gesprächsführung ab und manövrieren sich in eine geistige Sackgasse.

Vergessen Sie also die Aussage, dass es keine dummen Fragen, sondern nur dumme Antworten gibt. Es gibt jede Menge dummer Fragen.

Beispiele:

- «Halten Sie mich für blöd?!» Antwort: «Nnnnja.»
- «Sie sind also der Ansicht, ich wäre inkompetent?» Antwort: «Nnnja!»
- «Kind, willst du nicht lieber eine Jacke anziehen?» Die Sechsjährige: «Nein!»

Warum ist das jeweils eine dumme Frage?

Weil derjenige, der diese Frage aufwirft, im Gesprächsverlauf einen Eindruck gewonnen hat und nun eine Frage stellt, deren Antwort er mit sehr hoher Wahrscheinlichkeit erahnen kann, die er nicht hören möchte, aber trotzdem abruft.

Dumme Fragen sind auch Gegenfragen wie im oben aufgezeigten Beispiel, die eine eigene Position verhindern und unnötigerweise eine Gegenposition abrufen. Oder Gegenfragen bei

- Negativaussagen zur Person,
- Negativaussagen zum Unternehmen,
- Negativaussagen zum eigenen Kompetenzfeld.

Beispiele:

1. «Sie sind ungeeignet für Ihren Job!»
   «Wie kommen Sie zu dieser Erkenntnis?»

2. «Ihr Unternehmen hat ein schlechtes Image.»
   «Wie kommen Sie zu dieser Auffassung?»

3. «Sie machen nicht den Eindruck, dass Sie dieser Aufgabe gewachsen sind?»
   «Woran machen Sie dieses fest?»

Die Gegenfrage provoziert nun jeweils eine verbale Breitseite und manifestiert mit hoher Wahrscheinlichkeit die Meinung/Einschätzung des Gegenübers. Und wenn die Antwort dann im ersten Beispiel lautet:
«1. zeigen Sie es immer wieder,
2. beweist es dieses Gespräch,
3. unterstreicht es Ihre Frage!»

dann ist die Erklärungsnot besonders groß. Der Rechtfertigungsdruck wächst an.

Es gibt jede Menge guter Fragen

Eine gute Frage, eine clevere Frage ist jene Frage, bei der Sie von Anfang an wissen, wie die Antwort lauten wird oder welche Richtung der Antwortgebende einschlägt, die Sie dann stellen und die eingeschlagene Richtung aufgenommen oder die gewünschte Information abgerufen wird.

Mit guten Fragen steuern Sie die Gesprächsführung. In dem von Ihnen vorgegebenen Themenfeld.

Ein Beispiel:

«Gehen wir noch einmal zurück zu dem Punkt, an dem Sie Ihren Berufswunsch verändert haben. Sie haben damals zwar die theologische Promotion abgeschlossen und dann doch den Einstieg bei einer großen Unternehmensberatung gewählt. Warum genau?»

Nicht jeder Gesprächspartner ist an Inhalten interessiert, so mancher leider nur an der Gesprächssteuerung

Grundsätzlich gilt: Bevor Inhalte thematisiert werden, wird die Rollenverteilung im Gespräch und die eigene Positionierung geklärt.

Mittels Fragetechnik können Sie ein Gespräch steuern oder in einem Gespräch gesteuert werden. Unterscheiden Sie dabei die Gesprächsführungsebene von der inhaltlichen Ebene.

Kontrollieren Sie mit Ihren Fragen den Gesprächsverlauf oder haben Sie ansteigenden Erklärungsbedarf?

Fragen müssen beantwortet werden, so werden wir bereits als Kinder auf Höflichkeit, sogar falsche Höflichkeit in vielen Fällen programmiert. Vergessen Sie es!

Es gibt jede Menge Fragen, die zu kurz greifen oder am Gesprächsziel vorbeigehen

Das Fazit aus dieser Erkenntnis muss lauten: Bewerten Sie deshalb Fragen.

- Akzeptieren Sie keine Fragen, die persönlich diffamieren,
- Bewerten Sie Fragen, die den Gesprächskontext verlagern,
- Unterscheiden Sie Fragen, die der Gesprächsführung dienen, von Fragen, die Inhalte abrufen.

- Differenzieren Sie Fragen, die Informationsdefizite auffüllen, von Fragen, die reine Abfragen darstellen.

Halten wir deshalb fest:

Jede Antwort legitimiert die Frage. Fragezeichen können
- Ausrufezeichen der Intelligenz sein, aber auch sehr schnell zum
- Fragezeichen der Intelligenz mutieren.

Grundsätzlich differenzieren Sie bitte

offene Frageformen	von	geschlossenen Frageformen
	und von	halboffenen/halbgeschlossenen Frageformen,
sowie		
direkte Frageformen	von	indirekten Frageformen.

Frageformen

Bitte bedenken Sie:

Mit den richtigen Fragen steuern Sie das Gespräch,
mit den falschen Fragen geben Sie die Gesprächsführung ab.

Gesprächsführung basiert vielfach auf einfachen Mustern:

Frage – Antwort, Vorwurf – Rechtfertigung
Oder: Frage – Antwort, Abfrage – Erklärung
Oder: Frage – Antwort, Gesprächsführung – Akzeptanz

Offene, halbgeschlossene/halboffene und geschlossene Fragen (Ja-/Nein-Fragen und Wissensfragen)

Offene Fragen

Positive Ziele der offenen Fragen sind, den Befragten seine Antwort detaillierter, ausführlicher, begründeter oder erzählend darstellen zu lassen, anstatt einengende «Ja»- oder «Nein»-Antworten abzurufen. Zugleich ermöglichen die offenen Fragen die Motivierung des Gesprächspartners zur Rede, verstärken den Redefluss und öffnen zumeist seine Gesprächshaltung.

Typisch sind die Fragewörter: wer – warum – was – wo – wann –womit – weshalb – wodurch – wohin.

Beispiele für positive Ziele bei offenen Fragen:

- «Erzählen Sie uns, warum Sie diese strategische Ausrichtung in Ihrem Unternehmen gewählt haben?»
- «Was war der Auslöser, dann doch den Schwenk in das Management zu machen?»
- «Wie stellt sich das Problem denn aus Ihrer Sicht dar?»

Negative Ziele der offenen Fragen sind, den Befragten seine Antworten noch stärker rechtfertigen zu lassen, weitere Verstrickungen in Widersprüche zu verursachen oder ihn sich um Kopf und Kragen reden zu lassen.

Eine Zielsetzung kann es auch sein, sich in Themengebiete zu begeben, die Ihr Gegenüber nachweislich nicht beherrscht oder wo er nur eine unzureichende Kenntnis hat. Andererseits kann es auch sein, dass er bewusst auf Themenfelder gesteuert wird, die er kompetent ausfüllt, die aber vom eigentlichen Gesprächsthema konsequent wegführen.

Beispiele für negative Ziele bei offenen Fragen:

- «Erzählen Sie uns, warum Sie diese strategische Ausrichtung in Ihrem Unternehmen gewählt haben, und zwar zu einem Zeitpunkt, als Sie feststellten, dass andere Unternehmen gerade aufgrund dieser Strategie baden gegangen waren?»
- «Was war der Auslöser, dann doch den Schwenk in das Management zu machen, obwohl Ihnen von vornherein keine Karrierechance bei diesem Unternehmen geboten wurde?»
- «Warum haben Sie denn Psychologie fünf Semester studiert, wenn Sie bereits alle Kommilitonen als ‹Deppen› kennen gelernt hatten?»

Fazit:

Schwarze Rhetorik vertieft hier also die Erklärungsnot.

Blocken Sie unnötige Rechtfertigungen, nicht aber notwendige Erklärungen ab.

Beachten Sie das gesteckte Gesprächsziel, sind Sie beim Thema?

Übung:

Bitte schließen Sie jetzt dieses Buch oder legen Sie es zur Seite und geben Sie mit eigenen Worten wieder, wie die positiven wie negativen Ziele der offenen Fragetechnik aussehen.

Geschlossene Fragen

Positive Ziele der geschlossenen Fragen hingegen sind, die Antwortmöglichkeit des Befragten detailliert zu begrenzen, zu präzisieren oder ihn auf eine einzelne Aussage wertneutral einzugrenzen.

Negative Ziele der geschlossenen Fragen sind, die Antworten bereits zu suggerieren, Gesprächspartner zu nicht gewollten Zugeständnissen zu bewegen oder falsche Rückschlüsse des Gespräches zu ziehen.

Ja-/Nein-Fragen

Positiv:

Diese Fragen fordern und fördern eine eindeutige und klare Positionierung, eine Entscheidung, eine Bestätigung von Feststellung oder Sachverhalt.

Beispiele für positive Ja-/Nein-Fragen:

- «Haben Sie einen Parkplatz gefunden?»
- «Wäre diese Geschäftsreise auch mit der Bundesbahn zu bewerkstelligen gewesen?»
- «Akzeptieren Sie also die veränderten Marktbedingungen?»

Negativ:

Die Fragen lassen sich nicht mit Ja oder Nein beantworten und führen in der Beantwortung zu einer falschen Annahme, einem falschen Fazit oder Ergebnis.

Staatsanwälte operieren sehr gerne mit dieser Methode, um den Angeklagten festzunageln.

Deshalb ist bei dieser Frageform Vorsicht geboten, weil hier häufig die befragte Person die (Quasi-)Fakten über die Frage stellt: Manchmal brechen unsere Gesprächspartner gerne auch aus diesem Muster aus, da es ihnen notwendig und wichtiger ist, anstatt eine reduzierte Antwort zu geben, den kontextuellen Hintergrund ihres Verhaltens oder der getroffenen Entscheidung detailliert auszuleuchten und sich oder das gezeigte Verhalten aufzuklären oder verständlich zu machen. Sie appellieren deshalb an einen verständigen und konsensorientierten Gesprächspartner.

Beispiele für negative Ja-/Nein-Fragen:

- «Haben Sie also in der gesperrten Zufahrt oder auf dem Behindertenparkplatz geparkt?»

- «Sie wollten also partout nicht mit der kostengünstigeren Alternative, sprich: Bundesbahn, diese Geschäftsreise antreten?»
- «Weigern Sie sich also, diese Tatsachen wahrzunehmen?»

Wissensfragen

Positiv:

Zulässige Fragen, um Wissen abzurufen, Fakten zu prüfen oder dezidierte Antworten zu bekommen.

Beispiele für zulässige Wissensfragen:
- «Wie spät ist es?» – Vorausgesetzt, Ihnen fehlt die Uhr.
- «Haben Sie schon einmal New York besucht?» – Vorausgesetzt, es ist Ihnen nicht bekannt.
- «Welche Erfahrungen haben Sie auf diesem Gebiet?» – Vorausgesetzt, Sie füllen Ihr Wissensdefizit auf.

Negativ:

Unzulässige Fragen, um Gesprächspartner vorzuführen oder Abfragen zu bekannten Antworten zu starten.

Beispiele für unzulässige Wissensfragen:
- «Wie spät ist es?» – Vorausgesetzt, Ihrem Gegenüber fehlt die Uhr.
- «Haben Sie schon einmal die Außenstelle besucht?» – Vorausgesetzt, es ist Ihnen bekannt, dass Ihr Gegenüber noch nicht dort war.
- «Welche praktischen Erfahrungen haben Sie denn?» – Vorausgesetzt, Sie sprechen mit einem frischen Hochschulabgänger.

Aus der Praxis ein vertiefendes Beispiel: Eine vakante Stelle in der Geschäftsleitung eines Energieversorgers war neu zu besetzen. Zwei Bewerber, Mann und Frau, waren zum Gespräch eingeladen. Beide kannten sich bereits aus der Zusammenarbeit in einem anderen Unternehmen.

Im Gespräch mit dem Bewerbungsausschuss manövrierte der männliche Bewerber plötzlich seine Mitbewerberin mit den folgenden Fragen ins verbale Aus.

«Sagen Sie, warum haben Sie eigentlich damals Ihre Promotion einfach abgebrochen?»

«Ähhh, ich habe damals gar nicht angefangen!?»

«Komisch, dass sich dieses Gerücht so hartnäckig hält!? Wo haben Sie eigentlich studiert?»

«An der Fachhochschule in Berlin.»

«O.k., dann erklärt sich ja, dass und warum Sie nicht promoviert haben!»

Die Bewerberin saß wie vor den Kopf geschlagen da, wusste sie doch, dass ihr Kollege bereits über diese Informationen verfügte, bevor er die Fragen scheinheilig stellte.

Anstatt es aber anzusprechen und das Spiel dieser schwarzen Rhetorik mit inquisitorischer Absicht aufzudecken, hatte sie aus Höflichkeit, aus falscher Höflichkeit, das Spielchen laufen lassen und trotzdem geantwortet.

Happy End am Schluss: Sie bekam den Job, weil ihre Kompetenz auch den Bewerbungsausschuss letztlich doch überzeugte.

Die Gesprächssequenz hätte aber auch anders ablaufen können:

«Sagen Sie, warum haben Sie eigentlich damals Ihre Promotion einfach abgebrochen?»

«Darüber sind Sie doch bereits informiert: Da ich an der Fachhochschule in Berlin war, habe ich anschließend direkt eine praktische Tätigkeit aufgenommen!?»

«Komisch, dass sich dieses Gerücht so hartnäckig hält!? »

«Kein Wunder, wenn Sie es kolportieren.»

Oder netter: «Egal, da Sie es sicher nicht mit Absicht kolportieren!»

Fazit:
Schwarze Rhetorik startet Abfragen bei geschlossenen Fragen.

Wissen wird gegenüber anderen Gesprächsteilnehmern bewusst in geschlossenen Antworten ausgespielt.

Gesprächspartner werden bewusst vorgeführt.

Übung:

Bitte schließen Sie jetzt dieses Buch oder legen Sie es zur Seite und geben Sie mit eigenen Worten wieder, wie die positiven wie negativen Ziele der geschlossenen Fragetechnik aussehen.

Halboffene/halbgeschlossen Fragen

Kompromissformeln sind die halboffenen/halbgeschlossenen Fragen, die das thematische Antwortfeld durch alternative Antwortvorgaben eingrenzen oder grundsätzlich begrenzen. Stilistisch werden sie üblicherweise durch Alternativfragen oder durch suggestive Elemente wie beispielsweise die Konjunktion «oder» gebildet.

Positive Ziele der halboffenen/halbgeschlossenen Fragen sind, eine inhaltliche Angabe des Befragten zu bekommen bei gleichzeitiger Festsetzung der inhaltlichen Begrenzungen.

Beispiele für positive Ziele bei halboffenen/halbgeschlossenen Fragen:

- «Welchen regionalen Schwerpunkt bilden Ihre Kunden ab – Bayern im Süden oder im Norden Niedersachsen?» – Vorausgesetzt, Sie wissen, dass der Gesprächspartner etwa zu gleichen Teilen in beiden Bundesländern tätig ist.
- «Sind Sie über Bröl oder über Allner gefahren?» – Vorausgesetzt, Sie wissen, dass es die beiden üblichen Alternativstrecken sind.
- «Haben Sie zwei oder drei Kinder?» – Vorausgesetzt, Sie wissen, dass es zwei oder drei sind.

Negative Ziele bei halboffenen/halbgeschlossenen Fragen sind, Antwortalternativen aufzuwerfen, die beide entweder den Gesprächspartner festnageln oder als Alternativen beide falsch sind.

Stellen Sie sich einmal vor, ein ehemals alkoholabhängiger Gesprächspartner erhält eine Frage eines Wissenden, die ihn nötigt, ein Glas Sekt auf den Chef mittrinken zu müssen: «Na, mein lieber Herr Meier, Sie lassen das Glas Sekt ja stehen: Mögen Sie unseren Chef nicht oder haben Sie andere Bedenken, auf sein Wohl zu trinken?!»

Andere Beispiele für negative Ziele bei halboffenen/halbgeschlossenen Fragen:

- «Haben Sie diesen Fehler bewusst akzeptiert, oder ist er Ihnen nur zufällig unterlaufen?» – Fehler bleibt Fehler.
- «Sind Sie frauenfeindlich oder einfach nur polemisch?» – O.k. ist das Verhalten, so suggeriert der Fragende, auf keinen Fall.
- «Wollen Sie es nicht wahrhaben oder kapieren Sie es einfach nicht?»

Direkte und indirekte Fragen

Positive, direkte Fragen signalisieren eine offene und direkte Kommunikation, wobei die Klärung der Fakten, eines Sachverhaltes grundsätzlich im Vordergrund steht, jedoch der Fragende deutlich Person und Thema verknüpft.

Natürlich erkennt der Befragte durch das direkte Ansprechen des avisierten Punktes, worauf der Frager hinauswill – sodass grundsätzlich er entscheiden kann, ob offen geantwortet, eine Ausweichstrategie gefahren oder gar offen angesprochen wird, dass die gestellte Frage nicht beantwortet werden muß.

Beispiele für positive, direkte Fragen:

- «Welches Ziel verfolgen Sie mit Ihrem bereits angekündigten Besuch in der Bonner Werksniederlassung?»

- «Haben Sie tatsächlich fünf Stunden für die Fahrt zu unserer Niederlassung gebraucht?»
- «Sind Sie also auch in der gleichen Situation?»

Negative, direkte Fragen thematisieren stattdessen Tabuthemen und setzen den Gesprächspartner unter Druck.

Beispiele für negative direkte Fragen:

- «Sind Sie schwul?»
- «Wählen Sie die LIF?»
- «Haben Sie mit dieser Masche bereits viele Kunden gewonnen?»

Indirekte Fragen sind negativ, da sie versuchen, das präzise Frageziel hinterrücks zu erschließen oder zu vernebeln, oder bewerten es bereits durch negative Unterstellungen, beispielsweise durch Fragen mit indirekter Provokation. Dieses setzen Vorurteile oder negative Bewertungen durch Dritte auf und konfrontieren mittels direkter Bewertung, fordern ihrerseits die Stellungnahme oder klare Bewertung heraus.

Beispiele für indirekte Provokationen:

- «Sie sind ein aggressiver Autofahrer, der sich nicht für gesetzliche Tempolimits begeistert kann ...!?» – Gedacht wird die Frage: «Stimmt das etwa nicht?»
- «Umweltpolitisch bewusste oder gar engagierte Menschen lehnen doch üblicherweise eine Festschreibung des Tempolimits ab ...!?»
- «Reden Sie also über etwas, das Sie überhaupt nicht interessiert?!»

Klar, dass diese indirekte Frage nicht immer ein Fragezeichen am Satzende ausweisen muss, aber durchaus kann. Die Frageform der indirekten Provokation verdeutlicht: Die Behauptung lässt sich auch in den Raum stellen – ohne dass sich eine explizite Frage erschließt.

Indizienfragen erschließen insgesamt eine zweite Ebene.

Bewusst wird dem Befragten eine scheinbar zu erfragende Thematik vorgegeben, die zweite Ebene erschließt sich im Rückschluss.

Beispiel für eine solche Gesprächssequenz:

«Sie gelten als ein rücksichtsvoller Autofahrer?»

«Ja, das bin ich auf jeden Fall.»

«Wer so viele Kilometer unfallfrei pro Jahr fährt, der fährt sicherlich dann auch sehr übersichtlich. Oder?!»

«Klar, dabei entwickelt sich ein besonderes Sensorium für kritische Situationen.»

«Vermutlich fahren Sie im Jahr mehr als 50 000 km?»

«Im Schnitt sind es sogar 80 000 bis 90 000!»

«Dass Sie dadurch aber die Umwelt verpesten mit jedem Kilometer mehr, stört Sie wohl überhaupt nicht?»

Fragetypen

Folgende Fragetypen unterscheiden wir im Einzelnen:

Alternativfragen

Mit Alternativfragen stellen wir die freie, aber eingeschränkte Wahl oder Entscheidung zwischen zwei Möglichkeiten, Aspekten oder Fakten in der Anordnung des Entweder-oder zur Disposition bzw. erfragen die Auswahl zwischen zwei oder mehreren Dingen.

Positive Zielsetzung der Alternativfrage ist es, im Interesse des Gesprächs und des Gesprächspartners das Antwortspektrum einzugrenzen und die Richtung der Antwort in beiderlei Interesse zu fokussieren.

Negative Zielsetzung der Alternativfrage ist es, im Gespräch falsche Alternativen für den Gesprächspartner aufzutun, die ihn bei jeder Antwort innerhalb dieser Alternativen in eine falsche Richtung drängen.

Positive Beispiele:

- «Möchten Sie etwas essen oder etwas trinken?»
- «Bevorzugen Sie Schiffsreisen oder Bahnreisen?»
- «Wollen Sie direkt zum Thema überleiten oder vielleicht doch noch einige Vorbemerkungen voranstellen?»

Negative Beispiele:

- «Haben Sie den letzten Projektstand nicht mitbekommen oder nur einfach ignoriert?»
- «Wollten Sie es nicht wahrhaben oder haben Sie es dummerweise nicht mitbekommen?»
- «Ist das nun ein Glaubensbekenntnis oder einfach nur ein soziales Geräusch, welches Sie jetzt von sich geben?»

Übung:

Bitte schließen Sie jetzt dieses Buch oder legen Sie es zur Seite und geben Sie mit eigenen Worten wieder, wie die positiven wie negativen Ziele der Alternativfragen aussehen.

Schreiben Sie auf einem separaten Blatt Papier jeweils drei positive und drei negative Alternativfragen auf!

Suggestivfragen

Suggestive Formulierungen zielen darauf ab, jemanden etwas vorzugeben oder bewusst, ohne dass es *ihm* bewusst wird, etwas einzureden. Anderseits können sie darauf abzielen, einen den Tatsachen oder Fakten widersprechenden Eindruck zu hinterlassen.

Es ist der Versuch, dem Gesprächspartner die Beeinflussung zu einem vorgegebenen Ziel aufzudrücken – beruhend auf einer starken physischen oder emotionalen, selten körperlich-bedrohenden Einflussausübung.

Positive Zielsetzung der Suggestivfragen ist es, eine bereits vorgefasste Antwort, die aus dem Gesprächsverlauf erwächst, nochmals im Interesse der Gesprächspartner als Verstärkung zu kristallisieren. Normalerweise setzen sie dabei einen allgemeinen konsensorientierten Wertekanon voraus oder appellieren an den gemeinsamen Ansatz, basieren auf gesundem Menschenverstand oder betonen suggerierend, festlegend/vorgebend eine gemeinsame Basis.

Negative Zielsetzungen bei Suggestivfragen ergeben sich bei dramaturgischer Beschleunigung des Gesprächsablaufs, sind geprägt von unzutreffenden Unterstellungen, fehlgeschlossenen Annahmen, unzulässigen Verallgemeinerungen oder überspitzenden Übertreibungen. Aggressive Formulierungen, manipulative Vorgaben sind die Regel.

Im Gegensatz zur rhetorischen Frage ist das Ziel, die Antwort trotz Vorgabe der Antwortrichtung auf jeden Fall zu erfragen oder besser: abzurufen und damit den Gesprächspartner auf einen gemeinsamen Punkt mit seinem Einverständnis oder trotz seines Einverständnisses zu steuern.

Suggestivmerkmale sind beispielsweise: also, oder, etwa nicht, doch, selbst, auch.

Positive Beispiele:

- «Wir sind uns also einig, die Produktionsstätte zu verlagern?»
- «Beim Thema ‹rauchfreie Zone› haben wir demnach einen Konsens, oder?»
- «Sie stimmen mir demnach also auch zu?»

Negative Beispiele:

- «Wollen Sie sich etwa gegen die Mitarbeiterwünsche aussprechen?»
- «Das ist doch nicht Ihr Ernst?»
- «Glauben Sie wirklich daran?»

Übung:

Bitte schließen Sie jetzt dieses Buch oder legen Sie es zur Seite und geben Sie mit eigenen Worten wieder, wie die positiven wie negativen Ziele der Suggestivfragen aussehen.

Schreiben Sie auf einem separaten Blatt Papier jeweils drei positive und drei negative Suggestivfragen auf!

Fangfragen/Indizienfragen

Als Fragen sind sie verdecktes Erfragen von Anzeichen oder Anzeigen, Hinweisen oder Umständen, die mit großer Wahrscheinlichkeit auf bestimmte Fakten oder Täterschaften schließen lassen und die sich dann im Rückschluss ergeben.

Negative Zielsetzung der Fangfragen/Indizienfragen ist ein anderes, als das scheinbar vordergründige Informationsziel zu erreichen.

Der Fragesteller verschleiert dabei häufig, dass er im Thema bereits mehr Informationen hat, als seine Fragen scheinbar erkennen lassen.

Als Fallensteller legt er es deshalb bewusst darauf an, eine Antwort zu erhalten, um dann die Überraschung zur Schau zu stellen – wobei er mit der Antwort rechnet, sie quasi einrechnet.

So hat er beispielsweise gesehen, dass Sie von einem Fahrer abgesetzt wurden, scheinheilig fragt er aber dennoch: «Mich wundert ja nicht, wenn sich viele Möchtegernmanager von Chauffeuren in der Gegend herumkutschen lassen, um ihren Status zur Schau zu stellen. Das halten Sie sicherlich auch für überflüssig?!»

Indizien-/Fangfragen sind grundsätzlich negativ. Eine offene Gesprächsrunde basiert auf direkt gestellten Fragen ohne Hintertürchen.

Übung:

Bitte schließen Sie jetzt dieses Buch oder legen Sie es zur Seite und geben Sie mit eigenen Worten wieder, wie die negativen Ziele der Indizien-/Fangfrage aussehen.

Aber vielleicht fallen Ihnen auch Beispiele für positive Indizienfragen oder Fangfragen ein. Vergessen Sie nicht, mir diese unbedingt unter

www.dr-bredemeier.de

mitzuteilen. Schreiben Sie mir in diesem Fall jeweils drei positive und drei negative Fang-/Indizienfragen auf!

Rhetorische Fragen

Rhetorische Fragen bezeichnen Fragen, die nur zum Schein, aus Gründen der Rhetorik gestellt werden, allerdings keiner Antwort bedürfen. Ihr Duktus ist stilistisch, ihr Einsatz pure Rhetorik, ihr Inhalt phrasenhaft, sie tönen schönrednerisch und häufig überflüssig zugleich.

Die *positive Zielsetzun*g der rhetorischen Fragen besteht darin, dass eine verklärte, mehrdeutige oder vernebelnde Antwort durch die wiederholte Aussage deutlich unterstrichen werden soll. Im Gegensatz zu Suggestivfragen erübrigt sich die Antwort.

Rhetorische Fragen überspitzen und verdeutlichen bereits Gesagtes.

Übrigens, obwohl die rhetorischen Fragen in vielen Seminaren als eines der besten Stilmittel zelebriert werden, sind nur wenige Teilnehmer in der Lage, aus dem Stegreif solche zu formulieren. In 75 Prozent der Fälle sind Suggestivfragen – also Fragen, wo die Antwort abgerufen wird! – genannt. Aber an den Trainern wird es sicherlich nicht liegen …

Die *negative Zielsetzung* der rhetorischen Frage ist eine zynische oder provokative Festschreibung, die ein peinliches Berührtsein zur Folge hat oder eine Lächerlichkeit nochmals verstärkt. Es sind Aussagen, die quasi Ausrufezeichen wie auch Fragezeichen nach sich ziehen.

Positive Beispiele:
- «Sie mussten folglich protestieren!?
- «Wer ließe sich das denn auch gefallen – kein Wunder?!»
- «Ihnen ist schlecht?!»

Negative Beispiele:
- «Wie kann man denn nur so blöd sein?!»
- «Und, rums, ins Fettnäpfchen!?»
- «So naiv kann man doch nicht sein?!»

Übung:

Bitte schließen Sie jetzt dieses Buch oder legen Sie es zur Seite und geben Sie mit eigenen Worten wieder, wie die positiven wie negativen Ziele der rhetorischen Frage aussehen. Schreiben Sie auf einem separaten Blatt Papier jeweils drei positive und drei negative rhetorische Fragen auf!

Gegenfragen

Hiermit bezeichnen wir Fragen als Reaktion auf Fragen, die vorhergegangen sind. Die Praxis schlachtet in den meisten Fällen diese «heilige Kuh», die unter Mottos wie «Wer fragt, der führt» indifferent Einzug gehalten hat in mittelmäßigen Seminaren. Reflektieren ist also angesagt.

Positiv in der Zielsetzung ist die Gegenfrage, wenn der Fragende damit

- eine Frage in einen Kontext eingeordnet wissen möchte,
- die Intention einer Frage erschließt,
- den Kontext aufgezeigt sehen will.

Sprich: Positive Gegenfragen erbitten, die Legitimierung oder Intention einer Frage zu benennen.

Negative Zielsetzungen ergeben sich zwangsläufig aus der Gegenfrage, wenn die ursprüngliche Frage, die mit der Gegenfrage gekontert wird,

- Sie in die Rechtfertigung drängt,
- eine boshafte Unterstellung zur Person, zur Kompetenz oder zu Ihrem Unternehmen aufweist,
- Ihren Stresspegel im Gespräch erhöht.

Es gibt dumme Fragen. Gegenfragen zum Beispiel.

Erinnern wir uns noch einmal an unser eingangs gestelltes Beispiel für eine dumme Frage aus der der Zeitschrift «Profil»

Aber auch der Alltag liefert sie: Beispielsweise gerade erlebt bei einem Geschäftsführer eines Mittelstandsunternehmens, der – den unterschriftsreifen Vertrag vor sich liegend – den Füllhalter gezückt hatte und den Vertrag abschließen wollte, als der Verkaufsberater die Abschussfrage stellte: «Ich hoffe, dass jetzt auch wirklich keine Frage mehr offen ist, oder?»

Der Vertrag blieb unausgefüllt, der Auftrag platzte. Wer (an der falschen Stelle) fragt, führt … zur Irritation.

So dumm kann man nicht sein? Doch, und wir bekommen es sogar immer wieder vermittelt. Wer heute ein Dialektiktraining besucht, der erfährt sehr schnell die Macht des Fragens, nichts jedoch über die Ohnmacht des Erfragens.

Ein weiterer Trugschluss ist, dass Gegenfragen in Drucksituationen von eben diesem wieder entlasten können. Denn was ist das Resultat?

Beispielsweise der Marketingexperte, der am Schluss seiner Wettbewerbspräsentation auf die Aussage, dass sein Ansatz nicht so recht überzeuge, mit einer typischen Gegenfrage («Warum nicht?») reagiert – und anschließend durch den Kunden eine volle Breitseite («Und zwar: 1. …, 2. …, 3. …») erfährt, deren Punkte er gar nicht mehr aufarbeiten kann. Er hat hier die negativen Aspekte sauber psychologisch «geankert».

Doch die sprechen gegen ihn. D. g. – dumm gelaufen.

Der Psychiater Aron R. Bodenheimer markiert diese Schattenseite des Fragens als «Obszönität (…), und zwar deshalb, weil eine Erfahrung von dreißig Jahren gemeinsamen Redens und Schweigens mir gezeigt hat, dass ich besser helfen konnte, seit ich zu fragen aufgehört und zu sagen begonnen habe». Doch auch diese Kernaussage ist nur mittels der Frage «In welcher Situation?» zu verstehen.

Es darf nicht dazu führen, nie wieder zu fragen, doch bei Unterstellungen oder auch bei Abfragen ist eine (Gegen-)Frage für den weiteren Gesprächsverlauf kontraproduktiv. Fragen vertiefen den kritischen Punkt des Gesprächs, ohne es zu klären.

Unsere Beispiele zeigen auf, dass der Frager das Allgemeine spezifizieren will, doch leider in beiden Fällen den Gesprächspartner in eine Offensive führt und somit reaktives Verhalten seinerseits zeitigt.

Wann also sollte gefragt werden? Dann, wenn ich die mögliche Antwort einkalkuliert habe, sie vorausahnen kann, wohin das Gespräch driftet. Meine Position muss sich in situ verbessern, keineswegs verschlechtern – Fragezeichen sind Zeichen der kommunikativen Intelligenz.

Wer also weiß, dass eine Gegenfrage die Kritik am Gesagten verschärft, meidet diese Schattenseite und positioniert sich im Gespräch. Er trifft Aussagen. Doch auch dies will gelernt sein. Richtige Aussagen als Kehrseite der Fragemedaille sind bewertende Aussagen, beispielsweise: «So, alle Fragen sind geklärt, hier müssen Sie Ihre Unterschrift leisten!», oder «Nein, das erscheint nur auf den ersten Blick so, aber … (Positionierung)».

Fragen sind und bleiben ein Führungsinstrumentarium in der Kommunikation, sie führen allerdings im Gespräch nur dort weiter, wo sie Wissensdefizite ausgleichen, in den seltensten Fällen erweisen sie sich als hilfreich, um Gesprächsdruck abzuwenden, fatal sind sie als Abfrage.

Die wenigsten übrigens kennen die Kombination von Aussage und Frage, nämlich die Plattformfrage. Gerade in provokativen Interviews erleben wir sie immer wieder, beispielsweise, wenn der Journalist (unfair) fragt: «Sie hatten ja damals keine andere Wahl, als Minister zu werden, nachdem Sie als Unternehmer versagt hatten – übrigens: Was verdient denn ein Minister?» Das Frage-Antwort-Muster ist durchschaubar, doch wer auf die Frage einsteigt, lässt die Unterstellung zu. Und das passiert in 90 Prozent der Fälle.

Positive Beispiele für Gegenfragen:

- «Was veranlasst Sie zu dieser Frage?»
- «Geben Sie mir vorab Ihre Einschätzung bekannt?»
- «Warum stellen Sie mir diese Frage?»

Negative Beispiele für Gegenfragen:

- «Halten Sie mich für blöd?!»
- «Wie kommen Sie zu dieser Einsicht, ich wäre inkompetent?»
- «Sie fragen mich jetzt im Ernst?»

Verzichten Sie deshalb bei Negativthemen auf Gegenfragen und treffen Sie bewertende Aussagen. Ein weiteres Beispiel:

«Warum wird Ihr Unternehmen so negativ von den Wettbewerbern beurteilt?»

«Sorry, aber diese Aussage beruht auf einer fehlerhaften Information. Unser Unternehmen genießt die Anerkennung der Wettbewerber, eine sehr hohe Wertschätzung seitens der Kunden und eine extrem positive Unternehmensbewertung aufseiten der Fachpresse – wie ich Ihnen gerne anhand von einigen Beispielen demonstriere oder gerne auch anhand von Medienberichten aufzeige.»

Fazit:

Gegenfragen sind Gegenfragen und keine optionale Antwort.

Wiederholte Gegenfragen bringen das Gespräch nicht voran.

Gegenfragen können als Replik von negativen Fragen in die falsche Richtung Antworten provozieren.

Gegenfragen dienen der Klärung und fordern zur Präzisierung auf.

Gegenfragen sind dumm, wenn sie eine Antwort abfordern, die Sie nicht hören wollen oder Ihre Erklärungsnot zeitigt oder vergrößert.

Gegenfragen bei Negativvorgaben machen nur Sinn mit klarer Bewertung, vertiefen aber dennoch das Negativthema. Beispiel: «Wie kommen Sie zu dieser Fehleinschätzung?»

Übung:

Bitte schließen Sie jetzt dieses Buch oder legen Sie es zur Seite und geben Sie mit eigenen Worten wieder, wie die positiven wie negativen Ziele der Gegenfrage aussehen. Schreiben Sie auf einem separaten Blatt Papier jeweils drei positive und drei negative Gegenfragen auf, bestimmen Sie dazu den jeweiligen Kontext!

Motivationsfragen

Hier summieren sich in der Frageform alle möglichen Antriebe und Beweggründe, die den Angesprochenen in seinem Handeln oder Tun beeinflussen. Ebenfalls wird das Motiviertsein / die Motivierung selbst vielfach zum Thema oder das Lob zum Leitgedanken der Vorgabe. Es erfolgt in dieser Frageform die Anregung oder Veranlassung zum Tätigwerden oder die Begründung, die eine Reaktion zeitigen soll.

Positive Zielsetzung der Motivationsfragen ist die stärkere Einbeziehung der angesprochenen Gesprächspartner in die Diskussion, eine positive Rollenzuschreibung («Sie als Experte für Projektmanagement») oder die Motivation, dass jemand einen Beitrag zum Thema leisten soll.

Die *negativen Zielsetzungen* der Motivationsfragen («Demotivation») ergeben sich aus ironischen oder zynischen Zuschreibungen, der Herabsetzung des Gesprächspartners oder der Provokation in spöttischer Motivierung. Ebenfalls möglich sind negative Rollenbelegungen oder (un)beabsichtigte Äußerungen in der Fragestellung, die das Gegenüber als «zu dick aufgetragen» erlebt.

Positive Beispiele für Motivationsfragen:

- «Was sagen Sie als ausgewiesener Praktiker zu diesem Ansatz?»
- «Da dieses neue Produkt schnellstens in den Markt eingeführt werden muss, frage ich Sie als Marketingprofi, welche unterstützenden Marketingmaßnahmen denkbar wären.»

Negative Beispiele für Motivationsfragen:

- «Da Ihr letztes Projekt ein klarer Fehlschlag war, bitte ich Sie uns zu erklären, wie Sie das Projekt denn dieses Mal auf Erfolgskurs bringen wollen.»
- «Na, jetzt fragen wir uns natürlich, welche Einwände Sie denn nun als unser geschätzter Obercontroller strategisch einbringen wollen?»
- «Es ist zwar nicht Ihr Kompetenzfeld, aber sicherlich haben auch Sie einen wertvollen Beitrag unserer Aufmerksamkeit vorenthalten?»

Übung:

Bitte schließen Sie jetzt dieses Buch oder legen Sie es zur Seite und geben Sie mit eigenen Worten wieder, wie die positiven wie negativen Ziele der Motivationsfragen aussehen.

Schreiben Sie auf einem separaten Blatt Papier jeweils drei positive und drei negative Motivationsfragen auf!

Schock- und provokative Fragen

Schock- oder Provokationsfragen implizieren die Herausforderung oder Aufreizung, Irritation oder Veranlassung zu einer plötzlichen und unerwarteten, unbedachten und spontanen Reaktion. Mit Humor gewürzte Provokationen sind ein wichtiges therapeutisches Instrumentarium.

Ihre *positive Zielsetzung* ergibt sich aus dem Aufbrechen festgefahrener Diskussionen, der spontan-überraschenden Ansprache des Gegenübers und dem plötzlich eingeleiteten Perspektivenwechsel. Irritierend ist auch die humoristische Betrachtung eines Themas, das das vorangegangene Gespräch auflockert und Spannungen glättet.

Die *negativen Zielsetzungen* weisen persönliche Attacken, provozierende Aussagen oder die deutliche Verletzung der Gesprächshöflichkeit auf. Statt Fingerspitzengefühl erfolgt der verbale Holzhammer.

Positive Beispiele für Schock- und provokative Fragen:

- «Ist das nicht lächerlich, dass wir uns jetzt schon über diese Peanuts streiten?»
- «Wechseln wir doch einmal die Rolle, wie würden denn jetzt unsere Wettbewerber über unsere Neuausrichtung denken?»
- «Jetzt diskutieren wir bereits seit drei Stunden über eventuelle Lieferschwierigkeiten, wollen wir nicht zunächst einmal das Lieferprogramm verabschieden?»

Negative Beispiele für Schock- und provokative Fragen:

- «Sie schwärmen für die technische Ausstattung der PCs, können Sie denn technisch mehr als den Stecker in die vorbezeichnete Dose einführen?»
- «Köstlich, Sie plädieren für weibliche Führungskräfte, wo Sie doch privat das andere Geschlecht bevorzugen, oder?»
- «Stimmen Sie für die schnelle Neueinführung des Produkts, weil Sie die alten schon lange nicht mehr verkauft bekommen?»

Übung:

Bitte schließen Sie jetzt dieses Buch oder legen Sie es zur Seite und geben Sie mit eigenen Worten wieder, wie die positiven wie negativen Ziele dieser Fragetechnik aussehen.

Schreiben Sie auf einem separaten Blatt Papier jeweils drei positive und drei negative Beispielfragen auf!

Kontroll- und Bestätigungsfragen

Diese Fragen dienen der Kontrolle von erreichten Gesprächspunkten oder -zielen, ihrer Bejahung oder Bestätigung/Affirmation.

Positive Zielsetzung der Kontroll- bzw. Bestätigungsfragen ist es, einen Konsens über behandelte Themenkomplexe oder erreichte Zwischenschritte festzuhalten und allen Gesprächsteilnehmern nochmals bewusst zu machen.

Die *negative Zielsetzung* bildet sich bei kontrovers ablaufenden Gesprächen dann aus, wenn man den Gesprächspartner schrittweise zu einer Zustimmung bewegen will, wo seine Gegenposition deutlich ist. Akzeptiert er die Gesamtaussagen nicht, lässt man ihn zu Einzelaussagen abnicken.

Positive Beispiele:

- «Akzeptieren Sie diese Änderung?» «Ja.»
- «Sind Sie einverstanden?» «Ja.»

Negative Beispiele

- «Sie mögen mich nicht?» «Doch, aber …!»
- «Das Ergebnis irritiert Sie. Sie akzeptieren aber die vorliegenden Fakten?» «Ja.»

Übung:

Bitte schließen Sie jetzt dieses Buch oder legen Sie es zur Seite und geben Sie mit eigenen Worten wieder, wie die positiven wie negativen Ziele dieser Fragetechnik aussehen.

Schreiben Sie auf einem separaten Blatt Papier jeweils drei positive und drei negative Beispielfragen auf!

Sokratische Frage (Ja-Fragen-Straße)

Diese Frage gehört in die Philosophie (Sokratik) des Philosphen Sokrates, der in seinem Unterrichtsverfahren die Schüler und Gesprächspartner durch geschickte Fragen und die darauf erfolgten Antworten selbst zu der maßgeblichen Erkenntnis kommen ließ.

Der Antwortende erschließt seine Erkenntnis also durch den Prozess des Antwortgebens, gewinnt somit an ihm vorher nicht zugänglicher Einsicht oder manövriert sich durch die Antworten in eine Position, die letztlich nur noch eine – folgerichtige – Antwort zulässt.

Die *positive Zielsetzung* der sokratischen Frage, der Ja-Fragen-Straße, besteht darin, dass der Befragte sich in seinen Antworten eine Einsicht erschließt, die zuvor verborgen, aber doch latent vorhanden waren, eine Ansicht und Erkenntnis, mit der er sehr gut leben kann und die seinen Werten und Normen sowie seiner Vorstellungswelt entspricht.

Die *negative Zielsetzung* der sokratischen Frage, der Ja-Fragen-Straße, besteht darin, durch Fragen, die der andere wertneutral empfindet, den Gesprächspartner ins intellektuelle oder verbale Aus zu manövrieren und letztlich mit der Kernfrage, die sich aus kontextuell verknüpften Fragen ergibt, «abzuschießen».

Positive Beispiele:
- «Sie wissen, dass der Teamerfolg ebenso am Einzelnen hängt?» «Ja.»
- «Sie bringen sich voll ein?» «Ja.»
- «Sie sind am Wohlergehen der Firma interessiert?» «Ja.»
- «Sie wissen, dass jetzt als Solidarbeitrag unbezahlte Überstunden notwendig sind?» «Ja.»

Negative Beispiele:
- «Wissen Sie, dass der Herr Müller geistig total abgebaut hat?» «Ja.»
- «Wissen Sie, dass er sich manchmal gebärdet wie ein Kind?» «Ja.»
- «Haben Sie gemerkt, dass dieser Abbau ein schleichender Prozess war?» «Ja!»
- «Es fing übrigens bei ihm mit etwa Mitte vierzig an, aber er selber hat es gar nicht registriert. Haben Sie das auch festgestellt?» «Ja.»
- «Dann wissen Sie sicher auch, dass Leute ab vierzig total abbauen, es aber nicht merken. Sie sind jetzt 43, fühlen sich aber gut, richtig?» «–»

Trösten Sie sich, ob negativ oder positiv – die meisten Ja-Fragen-Straßen sind verbal so ausgebaut oder geschwindigkeitsbeschränkt, dass es in der Praxis nur sehr selten funktioniert, einen Gesprächspartner so lange zu führen … und dann noch die bereits geplante Antwort abzuholen.

Übung:

Bitte schließen Sie jetzt dieses Buch oder legen Sie es zur Seite und geben Sie mit eigenen Worten wieder, wie die positiven wie negativen Ziele dieser Fragetechnik aussehen.

Schreiben Sie auf einem separaten Blatt Papier jeweils drei positive und drei negative Beispiele auf!

Karikierende, überspitzende Fragen

Karikierende Fragen sind komisch, übertreibend, überspitzend. In der humoristischen oder satirischen Hervorhebung und Überbetonung sich erschließender Charakteristika geben sie Aussageinhalte der Lächerlichkeit oder einer Konturenschärfe preis.

Positive Zielsetzung der karikierenden Frage ist es, eine getätigte Aussage durch überspitzende Nachfragen durch den Gesprächspartner präzisieren oder ergänzen zu lassen.

Die *negative Zielsetzung* dieser Frage besteht darin, durch ironische, zynische oder sarkastische Äußerungen die Aussagen des Gegenübers der Lächerlichkeit anheim zu stellen.

Positive Beispiele:

- «Sie sagten, wir können aus der Geschichte lernen – haben wir es denn?»
- «Es hat sich in den neuen Bundesländern und für ihre Einwohner sehr viel geändert, sagen Sie zu Recht; haben die Bürger dort sich auch geändert?»

Negative Beispiele:

- «Sie sagten, wir können aus der Geschichte lernen – können wir ‹nur› oder haben wir ‹sogar›?»
- «Es hat sich in den neuen Bundesländern und für ihre Einwohner sehr viel geändert, sagen Sie zu Recht, warum tun Sie so, als ob sich die Bürger selber nicht geändert haben?»
- «Es hat sich in den neuen Bundesländern und für die dortig beheimateten Einwohner sehr viel geändert, sagen Sie, jetzt tun Sie mal nicht so, als ob das nicht dringend nötig gewesen wäre!?»

Übung:

Bitte schließen Sie jetzt dieses Buch oder legen Sie es zur Seite und geben Sie mit eigenen Worten wieder, wie die positiven wie negativen Ziele dieser Fragetechnik aussehen.

Schreiben Sie auf einem separaten Blatt Papier jeweils drei positive und drei negative Fragen auf!

Konkretisierungsfragen

Konkretion ist die Ausführung im Einzelnen, die nähere Bestimmung oder Verdeutlichung von Sachverhalten oder Emotionen mittels vertiefender Fragestellung.

Typische Formulierungen sind durch Wörter wie «beispielsweise», «genau», «konkret» oder auch «im Einzelnen» geprägt.

Ihr *positives Ziel* ist es, eine vorher getätigte Aussage zu konkretisieren, greifbar zu machen oder die resultierende Konsequenz aufzuzeigen.

Das *negative Ziel* der Konkretisierungsfragen besteht darin, aufzuzeigen, dass der Gesprächspartner in seinen Aussagen nur bedingt die Auswirkungen und Konsequenzen seiner Gedanken überschaut oder bedacht hat – oder aufzuzeigen, dass das Gegenüber herumschwafelt.

Positive Beispiele:

- «Sie sprachen von ‹geistiger Freiheit bei materieller Armut› – was konkret verstehen Sie darunter?»
- «Bringen Sie freundlicherweise ein Beispiel?»
- «Was genau bedeutet ‹soziale Gerechtigkeit›?»

Negative Beispiele:

- «Sie sprachen von ‹geistiger Freiheit bei materieller Armut› – wie lösen Sie in der Praxis dieses theoretische Paradoxon auf?»
- «Wie füllen Sie denn diese Allerweltsformel ‹soziale Gerechtigkeit› inhaltlich?
- «Bitte Butter bei die Fische: Was heißt das denn jetzt konkret?»

Übung:

Bitte schließen Sie jetzt dieses Buch oder legen Sie es zur Seite und geben Sie mit eigenen Worten wieder, wie die positiven wie negativen Ziele dieser Fragetechnik aussehen.

Schreiben Sie auf einem separaten Blatt Papier jeweils drei positive und drei negative Fragen auf!

Introspektions- und Einschätzungsfragen

Diese Fragen setzen die Selbstbeobachtung oder das Bewerten und die Preisgabe seelischer wie emotionaler Vorgänge voraus. Es ist erfragte psychologische Selbsterkenntnis des Befragten oder eine emotionale Öffnung. Zugleich verbindet sich mit diesen Fragen die Absicht, persönliche Einschätzungen, Hypothesen oder Meinungen abzurufen.

Die *positive Zielsetzung* zeichnet sich dabei durch wertneutrale Formulierungen aus, vermeidet im Interesse des Gesprächspartners die suggestive Vorgabe oder jegliche Unterstellung, die wiederum dann das Merkmal der negativen Zielsetzung offenbart.

Positive Beispiele:
- «Wie beurteilen Sie persönlich diese Strategie?»
- «Wie schätzen Sie den Verlauf der Projektsitzung ein?»
- «Wo endet aus Ihrer Sicht das Zumutbare für die Bevölkerung?»

Negative Beispiele:
- «Wie bewerten Sie denn persönlich Ihren Misserfolg im Projekt?»
- «Wie schätzen Sie denn Ihre katastrophale Moderation ein?»
- «Wie beurteilen Sie denn als Wahlverlierer Ihren Gegenkandidaten?»

Übung:

Bitte schließen Sie jetzt dieses Buch oder legen Sie es zur Seite und geben Sie mit eigenen Worten wieder, wie die positiven wie negativen Ziele dieser Fragetechnik aussehen.

Schreiben Sie auf einem separaten Blatt Papier jeweils drei positive und drei negative Fragen auf!

Faktizierende oder W-Fragen (Informationsfragen)

Diese Fragegattung füllt Wissensdefizite auf und erschließt Fakten bzw. Informationen durch das direkte Erfragen von Sachverhalten. W-Fragen schaffen Fakten. Im Gegensatz zur Introspektionsfrage oder Einschätzungsfrage bleiben dabei die persönlichen Haltungen der angesprochenen Personen ausgeklammert, es geht um eine reine «Wissensrecherche», die allein sachlich ansetzt.

Positives Ziel ist die Faktizierung, das «Fakten-Schaffen», durch Nachfragen oder Befragung des Gegenübers. Dabei verfügt der Fragende nicht über diese Information oder zumindest nicht mit «absoluter/relativer Sicherheit» und lässt sich für den besprochenen Kontext diese Information legitimieren.

Negatives Ziel ist die Abfrage von Inhalten, die dem Fragenden bekannt sind oder wo er durch Vorgaben genaue Plattformen schafft, die es dem Befragten fast unmöglich machen, eine zureichende Antwort zu geben.

Positive Beispiele:
- «Welche Ausbildung haben Sie absolviert?»
- «Als Gärtner muss ich Sie jetzt einmal fragen: Wie heißt diese Blume?»
- «Entschuldigung, wo bitte geht es zum Bahnhof?»

Negative Beispiele:
- «Als Bundesbürger ist für Sie das Grundgesetz maßgeblich. Wie heißt Artikel 5?»
- «Wie heißt das griechische Wort für ‹Reinigung›?»
- «Wie hieß die letzte Ureinwohnerin von Tasmanien, und wann starb sie?»

Übung:

Bitte schließen Sie jetzt dieses Buch oder legen Sie es zur Seite und geben Sie mit eigenen Worten wieder, wie die positiven wie negativen Ziele dieser Fragetechnik aussehen.

Schreiben Sie auf einem separaten Blatt Papier jeweils drei positive und drei negative Fragen auf!

Erzählungs- und Erlebnisfragen

Diese Fragen erfordern das Einnehmen der Erzählerrolle oder die Rolle eines außen stehenden Betrachters in der Schilderung von Abläufen oder Ereignissen. Der Anteil der subjektiven Perspektivenschilderung ist gewollt, die persönliche Identifikation gefordert.

Ihre *positive Zielsetzung* kennzeichnet die Reflektion von Ereignissen oder eine Rekonstruktion von Geschehnissen aus der Perspektive des Beteiligten oder Anwesenden.

Die *negative Zielsetzung* weist suggestive, persönlich-rechtfertigende Formulierungen aus.

Positive Beispiele:
- «Sie lebten zwei Jahre in Kolumbien – was erlebten Sie dort?»
- «Was erlebten Sie auf der Betriebsfeier?»
- «Wie verlief der Unfall aus Ihrer Sicht?»

Negative Beispiele:
- «Wie kam es, dass Sie diesen Unfall verursacht haben?»
- «Wie empfanden Sie die Betriebsfeier, da Sie ja komplett außer Kontrolle geraten sein müssen?»
- «Wie erlebten Sie den Gipfelaufstieg, da Sie doch bereits wussten, dass Ihr Wettbewerber bereits oben angekommen sein musste?»

Übung:

Bitte schließen Sie jetzt dieses Buch oder legen Sie es zur Seite und geben Sie mit eigenen Worten wieder, wie die positiven wie negativen Ziele dieser Fragetechnik aussehen. Schreiben Sie auf einem separaten Blatt Papier jeweils drei positive und drei negative Fragen auf!

Szenariofragen

Mit szenarisch entworfenen Fragen möchte der Fragesteller ein hypothetisches Aufeinanderfolgen von fiktiven Ereignissen konstruieren. Es wird ein gedachtes Bild oder Ambiente gezeichnet, welches mit der Realität nichts zu tun hat und den Betrachter aus dieser löst.

Typische Wörter zur Einleitung sind «Nehmen wir einmal an ...», «Stellen Sie sich einmal vor ...», seltener und weniger wirkungsvoll sind temporale oder modale Formulierungen wie «sofern», «wenn», «Gesetzt den Fall, dass ...».

Im Gegensatz zu den faktizierenden Fragen zielt der *positive Ansatz* der Szenariofragen auf das Auflösen von Sperren oder Blockaden (therapeutisch) oder auf die Aufforderung, einen Sichtwechsel vorzunehmen, um eine andere Einschätzung einer Sachlage oder Person zu erhalten.

Die *negative Intention* verleitet zur Spekulation, wo der Befragte sich durch seine Antworten «in die Nesseln» setzt oder hinsichtlich anderer Personen Negativurteile fällt.

Positive Beispiele:
- «Nehmen wir einmal an, wir bestellen fünfhundert Exemplare dieses Buches, welchen Mengenrabatt bekommen wir?»
- «Stellen Sie sich vor, wir akzeptieren Ihre Bedingung, wann würden Sie bei uns anfangen wollen?»
- «Angenommen, eine weitere Finanzierung des Projektes wäre nötig, haben Sie bereits Ideen dazu entwickelt?»

Negative Beispiele:
- «Stellen Sie sich vor, Sie wären Geschäftsführer: Welche Bereichsleiter müssten aus Ihrer Sicht dann ‹entsorgt› werden?»

- «Nehmen wir einmal an, Sie könnten sich exzessiv ausleben, wie würde das aussehen?»
- «Gesetzt den Fall, Sie ständen nochmals vor dieser Entscheidung, die zu fatalen Fehlern führte, wie würden Sie heute handeln?»

Übung:

Bitte schließen Sie jetzt dieses Buch oder legen Sie es zur Seite und geben Sie mit eigenen Worten wieder, wie die positiven wie negativen Ziele dieser Fragetechnik aussehen.

Schreiben Sie auf einem separaten Blatt Papier jeweils drei positive und drei negative Fragen auf!

Determinations- und Definitionsfragen

Die Determinations-/Festlegungs-Fragen erfordern die Einengung eines (philosophischen) bestimmten Begriffs, die Festlegung durch sprachliche Präzisierung, Zuordnung von Aussagen oder eine inhaltsbezogene Eingrenzung. Zugleich kann damit auch die Übersetzung eines Fachbegriffs in unsere Umgangssprache abgefragt werden.

Definitionsfragen fordern vom Befragten eine genaue Bestimmung eines Wortes durch präzise Auseinandersetzung oder Darlegung des Inhalts und Umschreibung desselben.

Die *positive Zielsetzung* besteht darin, eine inhaltliche Präzisierung von schwammigen Aussagen oder vieldeutigen Angaben zu erhalten.

Die *negative Zielsetzung* weist den Ansatz auf, genaue Definitionen abzurufen oder genauer: abzufragen.

Positive Beispiele:

- «Welche Erfolgskriterien definieren Sie zur Bewertung?»
- «Wie setzen Sie die Rahmenbedingungen für dieses Projekt?»
- «Welche Definition haben Sie für ‹Missmanagement›?»

Negative Beispiele:

- «Projektmanagement ist klar nach IS=051 definiert, wie nämlich?»
- «Sie umschrieben Gewissen, definieren Sie es bitte einmal genau!»
- «Wie definieren Sie Verantwortung nach Hans Jonas?»

Übung:

Bitte schließen Sie jetzt dieses Buch oder legen Sie es zur Seite und geben Sie mit eigenen Worten wieder, wie die positiven wie negativen Ziele dieser Fragetechnik aussehen.

Schreiben Sie auf einem separaten Blatt Papier jeweils drei positive und drei negative Fragen auf!

Verständnisfragen (offene Fragen, Du-Bezogenheit)

Diese Fragen erbitten vom Gegenüber eine weitergehende Erläuterung oder Erklärung zum Gesagten, eine Einordnung oder eine Schlussfolgerung.

Ihre Zielsetzung ist die Gesprächsabgabe an den Partner oder Mitdiskutanten. Dieser erhält die Gesprächsführung angeboten – im Gegensatz zur geschlossenen Interpretationsfrage.

Beispiele:

- «Was heißt das für unsere Vertragsverhandlungen?»
- «Welche Schlussfolgerungen ziehen Sie also daraus?»
- «Wie verfahren wir jetzt weiter im Prozessverlauf?»

Übung:

Bitte schließen Sie jetzt dieses Buch oder legen Sie es zur Seite und geben Sie mit eigenen Worten wieder, wie die Ziele dieser Fragetechnik aussehen.

Schreiben Sie auf einem separaten Blatt Papier jeweils drei positive und drei negative Fragen auf!

Interpretationsfragen (geschlossene Fragen)

Diese Fragen erbitten vom Gesprächspartner eine Zustimmung zu einer Auslegung, gedeuteten Ausführung, Zustimmung zu einer Erläuterung oder eine Erklärung des Gesagten.

Ihr Ziel besteht in einer Resümierung, die der Gegenüber bestätigen oder verneinen, verifizieren oder falsifizieren soll. Diese geschlossene Frageart steht im Gegensatz zur offenen Verständnisfrage, der Gesprächsführende hält das Wort bei.

Positive Beispiele:

- «Das bedeutet also, dass wir jetzt den Vertrag ratifizieren?»
- «Sie sind folglich angetreten, den Veränderunsprozess zu initiieren?»
- «Also übernehmen Sie den Auftrag zur Selektion der Berater?

Übung:

Bitte schließen Sie jetzt dieses Buch oder legen Sie es zur Seite und geben Sie mit eigenen Worten wieder, wie die Ziele dieser Fragetechnik aussehen.

Schreiben Sie auf einem separaten Blatt Papier jeweils drei positive und drei negative Fragen auf!

Plattformfragen

Eine ausgeprägte journalistische Frageform, die neben der Frage eine Feststellung oder Unterstellung enthält, den Fokus aber durch die Erweiterung der Aussage um eine Frage auf die Beantwortung derselben lenkt. Somit werden Festschreibungen im Gespräch getätigt, die Diskussion aber auf die Frageinhalte gelenkt.

Je weiter Aussage und Frage auseinander klaffen, desto schwieriger ist es für uns, erst die Aussage zu überprüfen und damit zu legitimieren.

Die *positive Zielsetzung* der Plattform-Frage besteht in der Festschreibung von Positivinhalten, ähnlich wie bei der Motivationsfrage. Die Frage erhöht deshalb das Thema.

Die *negative Zielsetzung* der Plattform-Frage ist die Verankerung von Negativaussagen, wobei die Frage einen anderen Inhalt thematisiert.

Positive Beispiele:

- «Sie sind Experte für Projektmanagement. Haben wir alle wichtigen Kriterien der Projektdetermination einbezogen?»
- «Sie hatten bereits vorhin wichtige Punkte für den Prozessverlauf betont, gibt es Punkte, die noch ungeklärt sind?»
- «Kommunikation ist Ihr Spezialgebiet. Wie haben Sie ihre fachliche Qualifikation erlangt?»

Negative Beispiele:

- «Kommunikation ist ja leider nicht Ihr Thema, kochen Sie gerne?»
- «In diesem Thema sind Sie ja leider nicht bewandert, möchten Sie dennoch einige Anmerkungen machen?»
- «Projekte haben Sie ja bereits einige in den Sand gesetzt, haben Sie denn nicht etwa Ansätze für das neue Projekt ausfindig gemacht?»

Übung:

Bitte schließen Sie jetzt dieses Buch oder legen Sie es zur Seite und geben Sie mit eigenen Worten wieder, wie die positiven wie negativen Ziele dieser Fragetechnik aussehen.

Schreiben Sie auf einem separaten Blatt Papier jeweils drei positive und drei negative Fragen auf!

Filterfragen

Diese Fragen filtrieren oder selektieren Bestandteile eines Themas und fokussieren auf einen bestimmten Ansatz, einen Aspekt oder eine Aussage. Es sind inhaltliche Eingrenzungen eines Themenkomplexes.

Positive Zielsetzung der Filterfragen ist eine enge Gesprächsführung durch den Fragenden und zugleich die Unterbindung von Geschwafel und langatmiger Ausdrucksweise.

Negative Zielsetzung ist bei den Filterfragen eine einengende Gesprächsführung, die dem Gegenüber keinen Raum für eine sprecherische Entfaltung gibt.

Positive Beispiele:

- «Natürlich sind sowohl Ihr Werdegang als auch das Hier und Jetzt interessant, beschränken wir uns jedoch auf das Heute – was tun Sie zurzeit?»
- «Natürlich gibt es verschiedene interessante Aspekte im Projektverlauf, was aber war aus Ihrer Sicht der wichtigste Einschnitt?»
- «Sie haben ja bereits viele Interviewpartner vor dem Mikrofon gehabt, aber wer hat Sie denn jetzt besonders beeindruckt?»

Negative Beispiele:

- «Natürlich möchten Sie jetzt am liebsten Ihren kompletten Werdegang schildern, beschränken wir uns jedoch auf das Heute, was also tun Sie zurzeit?»
- «Ja, ja, natürlich gibt es verschiedene Projektphasen, die alle reizvoll sind, was war also der entscheidende Einschnitt, der den Projekterfolg ausmachte?»
- «Ja, verstanden, dass Sie bereits viele interessante Gesprächspartner vor der Kamera hatten, aber gab es nicht wirklich einmal *einen*, den wir kennen?»

Übung:

Bitte schließen Sie jetzt dieses Buch oder legen Sie es zur Seite und geben Sie mit eigenen Worten wieder, wie die positiven wie negativen Ziele dieser Fragetechnik aussehen.

Schreiben Sie auf einem separaten Blatt Papier jeweils drei positive und drei negative Fragen auf!

Affirmationsfragen

Diese Fragen stellen durch ihre hinterfragenden oder auffordernden Bestätigungen Gesagtes infrage oder fordern zum Ausführen der Gedankengänge auf.

Es sind – böse gesagt – in Worte gekleidete soziale Geräusche, die zum Erläutern oder zur Rechtfertigung nötigen, wobei schon der Tonfall der Frage zwischen Skepsis und positivem Erstaunen unterscheiden lässt.

Positive Zielsetzung dieser Affirmationsfragen ist das Weitererzählen des Gesprächspartners, ihn am Reden zu halten.

Negative Zielsetzung ist ein spöttisches Kommentieren des Gesagten.

Positive Beispiele:
- «Und dann?!»
- «Nein, wirklich?!»
- «Woww!?!»

Negative Beispiele:
- Spöttisch: «Ach, neee.»
- «Wirklich, Sie?!»
- «Furchtbar interessant! (gähn)»

Übung:
Bitte schließen Sie jetzt dieses Buch oder legen Sie es zur Seite und geben Sie mit eigenen Worten wieder, wie die positiven wie negativen Ziele dieser Fragetechnik aussehen.

Schreiben Sie auf einem separaten Blatt Papier jeweils drei positive und drei negative Fragen auf!

Psychologisierende Fragen

Die Psychologie ist die Lehre von der Seele, der seelischen Zustände und Erfahrungen.

Also greifen psychologisierende Fragen das Erfahren bewusster oder unbewusster, unter- oder mitbewusster Handlungen und Verhaltensausprägungen auf. Sie erfordern die Beschreibung von Wirkungen und deren Ursachen, bitten um die Beschreibung der persönlichen Reaktionsweisen oder die Erklärung von Verhaltensveränderung.

Positive Zielsetzung dieser Frageform ist eine Emotionalisierung des Gesagten, die Anreicherung mit emotionalen Erfahrungen, Schilderung von Erlebtem oder ähnlichen emotional besetzten Zuständen.

Negative Zielsetzung ist eine bewusste Emotionalisierung des Gesprächspartners, um eine weiter gehende Rechtfertigung zu bewirken.

Positive Beispiele:
- «Wie haben Sie sich denn in dieser Situation gefühlt?»
- «Wie haben Sie den Verlust Ihrer Arbeitsstätte erlebt?»
- «Was haben Sie bei dieser Testamentseröffnung verspürt?»

Negative Beispiele:
- «Sie hatten also das Projekt versenkt, wie reagierten die Projektmitarbeiter dann auf Sie?»
- «Nach Ihrem Rausschmiss, wie reagierte denn Ihr Umfeld?»
- «Zehn Millionen Euro auf dem Konto – und die Freundin verlässt dich, passt das zusammen?»

Übung:

Bitte schließen Sie jetzt dieses Buch oder legen Sie es zur Seite und geben Sie mit eigenen Worten wieder, wie die positiven wie negativen Ziele dieser Fragetechnik aussehen.

Schreiben Sie auf einem separaten Blatt Papier jeweils drei positive und drei negative Fragen auf!

Differenzierungsfragen

Differenzierungs- oder Unterscheidungsfragen erbitten beim Gesprächspartner die saubere, genaue Trennung, eine Unterscheidung im Detail zwischen zwei oder mehreren ähnlich verwendeten, gleichgesetzten oder verwechselbaren Begriffen, Fachausdrücken oder Worten. Die Vielschichtigkeit der Sprache und die Einzelheiten der sprachlichen Verwendung von Worten wird zum Thema gemacht.

Die offene Frageart unterscheidet sich von den Definitionsfragen dadurch, dass hier die Umschreibung oder Erklärung ausreicht, während Definitionen punktgenau abgefragt werden.

Ihr *positives* Ziel besteht in der Begriffsklärung, der *negative Ansatz* macht sich an der Abfrage fest, die von einem Laien manchmal nur schwer zu beantworten ist.

Positive Beispiele:
- «Sie sprachen von «dem Unternehmer» – gibt es hier nicht Unterscheidungsnotwendigkeiten?»
- «Welche besonderen Formen der Kultur gibt es denn, Herr Professor Müller?»
- «Als Psychiater unterscheiden Sie Schizophrenie von Paranoia – wodurch?»

Negative Beispiele:
- «Wetten, dass Sie die drei entscheidenden Kriterien, die Paranoia von Schizophrenie unterscheiden, nicht kennen?!»
- «Es gibt 250 Gewissensdefinitionen, können Sie denn wenigstens die Differenzierung von beispielsweise Hannah Arendt und Immanuel Kant darstellen?!»

Übung:

Bitte schließen Sie jetzt dieses Buch oder legen Sie es zur Seite und geben Sie mit eigenen Worten wieder, wie die positiven wie negativen Ziele dieser Fragetechnik aussehen. Schreiben Sie auf einem separaten Blatt Papier jeweils drei positive und drei negative Fragen auf!

Kognitions- und Reflektionsfragen

Die Kognitions- und Reflektionsfragen sind Fragen, die ausgesagte Erkenntnisse oder beschriebene Wahrnehmungen nochmals aufnehmen und hinterfragen bzw. zur Reflektion des Gesagten einladen und eine Bewertung abfragen. Sie spiegeln die Aussagen zurück, bitten darum, Aussagen zu überdenken oder die Schlussfolgerungen, die aus diesen erwachsen könnten, zu überprüfen. Zugleich signalisieren sie ein besonderes Interesse an der Vertiefung des Thematisierten.

Ihre *positive Zielsetzung* ist es, die Reflektion wertneutral zu veranlassen.

Die *negative Zielsetzung* erweist sich durch offene Konfrontation oder deutliche Bewertung des Themas.

Positive Beispiele:
- «Weist damit der Gesetzestext nicht Lücken auf?»
- «Reicht dieser Gesetzestext aus, die Vorkommnisse abzustellen?»

Negative Beispiele:
- «Sind Sie sich der rechtsextremistischen Deutung bewusst?»
- «Welche Verantwortung entsteht denn daraus ungewollt für die Firmenerben?»

Übung:

Bitte schließen Sie jetzt dieses Buch oder legen Sie es zur Seite und geben Sie mit eigenen Worten wieder, wie die positiven wie negativen Ziele dieser Fragetechnik aussehen.

Schreiben Sie auf einem separaten Blatt Papier jeweils drei positive und drei negative Fragen auf!

Transfer-, Überleitungs- oder Verknüpfungsfragen

Diese Fragen beziehen sich auf die Weiterleitung oder Übertragungen von Aussagen und Schlussfolgerungen von einem Themengebiet auf das andere. Sie erschließen letztlich Parallelen im Verhalten oder Denken, schaffen einen neuen Aussagekontext oder leiten auf eine andere Aussageebene über, die aus der Resümierung des Gesagten erfolgt.

Positiv ist jeweils eine wertneutrale Überleitung oder Verknüpfung.

Negativ an ihnen ist ein bewertender oder diskriminierender Transfer.

Positive Beispiele:
- «Sie reagieren immer sehr gelassen in Autostaus – reagieren Sie ebenfalls so, wenn es im Betrieb drunter und drüber geht?»
- «Als Trainer und Coach sind Sie im Fußball sehr erfolgreich, wenden Sie Ihre Menschenführungserfahrungen auch beruflich als Führungskraft mit ähnlichen Mustern an?»

Negative Beispiele:
- «Haben Sie diese schlimmen Kindheitserlebnisse auch ausführlich in Ihrem neuen Theaterstück verwendet?»
- «Wie kommen Sie denn mit Männern generell zurecht, da Sie doch dreimal geschieden sind?»

Übung:

Bitte schließen Sie jetzt dieses Buch oder legen Sie es zur Seite und geben Sie mit eigenen Worten wieder, wie die positiven wie negativen Ziele dieser Fragetechnik aussehen.

Schreiben Sie auf einem separaten Blatt Papier jeweils drei positive und drei negative Fragen auf!

Fragen richtig zu stellen, ist eine Kunstfertigkeit, die wie jede andere Kunstfertigkeit der Übung bedarf. Üben Sie deshalb.

Viel Spaß!

Vertiefung

Hier Ihr 5-Punkte-Lerncheck zur Überprüfung

Es bieten sich beim Check drei Möglichkeiten an.

- Sie beantworten die Fragen laut, lassen eventuell ein Diktiergerät mitlaufen und halten Ihre Antworten fest. So prägen Sie sich das Gelesene ein.
- Sie beantworten die Fragen schriftlich – es ist eine sinnvolle zeitliche Investion. So reflektieren Sie das Gelesene mit der zweithöchsten Intensität.
- Sie suchen sich einen «Mit»-Leser, vielleicht sogar einen, der anders «tickt» als Sie. Mit diesem diskutieren und reflektieren, primär aber streiten Sie sich über die Aussagen.

I.

Benennen Sie die wichtigsten Regeln zum Thema «Macht und Magie der Fragetechnik».

Welche Regeln gibt es?
Worauf müssen Sie achten?
Womit legitimieren Sie Fragen?
Worin unterscheiden sich Abfragen von Informationsfragen?
Was unterscheidet eine negative oder unfaire Frage von einer fairen oder positiven Frage?

II.

Bitte differenzieren Sie die folgenden Fragetypen und geben Sie bitte drei entsprechende positive Beispiele:

offene Fragen
halbgeschlossene/halboffene Fragen
geschlossene Fragen

III.

Bitte differenzieren Sie die folgenden Fragetypen und geben Sie bitte drei entsprechende positive Beispiele:

direkte Fragen
indirekte Fragen

IV.

Bitte differenzieren Sie die folgenden Fragetypen und geben Sie bitte drei entsprechende Beispiele für positive oder negative Intention:

Alternativfragen
Suggestivfragen
Fangfragen/Indizienfragen
rhetorische Fragen
Gegenfragen
Motivationsfragen
Schock- und provokative Fragen
Kontroll- und Bestätigungsfragen
sokratische Fragen
karikierende, überspitzende Fragen
Konkretisierungsfragen
Introspektions- und Einschätzungsfragen
faktizierende oder W-Fragen (Informationsfragen)
Erzählungs- und Erlebnisfragen

Szenariofragen
Determinations- und Definitionsfragen
Verständnisfragen
Interpretationsfragen
Plattformfragen
Filterfragen
Affirmationsfragen
psychologisierende Fragen
Differenzierungsfragen
Kognitions- und Reflektionsfragen
Transfer-, Überleitungs- oder Verknüpfungsfragen

V.

Formulieren Sie laut, was Ihnen dieses Kapitel «Macht und Magie der Fragetechnik» an Mehrwert gebracht hat. Es sind selbstverständlich nur positive Antworten erlaubt.

Viel Spaß.

V. Macht und Magie der Appelltechnik

Die konsequente Alternative in der Gesprächsführung

Schwarze Rhetorik ist die manipulative und gesprächsbestimmende Möglichkeit, sich aller notwendigen rhetorischen, dialektischen, eristischen und rabulistischen Kunstgriffe zu bedienen, nicht nur das Gespräch zu führen, sondern es zielorientiert in die gewünschten Bahnen zu lenken und gleichzeitig den Gesprächspartner oder das Publikum zu dem beabsichtigten Ergebnis zu führen.

Sie bedient sich deshalb neben der Fragetechnik der gesprächsführenden und konsequenten Appelltechnik.

Mein Sohn Josh ist im August 2002 vier Jahre. Ein super Typ.

Seine Kommunikationsmuster sind ausgeprägt fragenfrei, wie bei vielen gleichaltrigen Kindern auch: «Papa, hol mal das Seil!» «Mach das hier fest.» «Looossss, mach es feeesst. Fester!» «Jetzt brauche ich die Schippe, gib sie schnell her.» «Anik, komm endlich.» «Ruf Oliver an, sag ihm, er soll kommen!»

Spielt er mit unserer Tochter Anik und deren Freundinnen im Alter zwischen sechs und sieben, «funktionieren» diese meistens auch. Seine Kommunikation ist ebenfalls konsequent durch Appelle strukturiert. «Anik, Liesa, schiebt den Trecker jetzt an … Nein, fass hinten an, Vivianna … Häng jetzt den Miststreuer an, Eva …»

Er sagt häufig «Danke» und «Bitte», doch der Appell ist bei ihm kultiviert.

Natürlich: «Jedes Kind kann Regeln lernen!», so lautet ein alter Ratgeber, doch ist es schade, wenn wir diese Fähigkeit, Gespräche auch anders als mit Fragen zu führen, nur noch rudimentär besitzen.

Kinder sind gelernte «Schwarze Rhetoriker», doch wir erziehen sie konsequent um.

Es wäre einmal spannend, auszurechnen, was es im Erwachsenenalter an Weiterbildungskosten ausmacht, ihnen diese rudimentären Ansätze wieder beizubringen.

Ein süßer Tyrann, sicherlich auch. Aber primär hat er eine klare Kommunikationsstrategie, die von deutlichen Appellen, in den beschriebenen Fällen von Handlungsappellen, geprägt ist.

Was sind Appelle?

Appelle sind direkte Handlungsaufforderungen, die sich auf ein Tätigkeits- oder Gesprächsfeld beziehen.

Als direkte Anweisung mit imperativem Charakter sind sie gekennzeichnet von einer direkten Ansprache.

Der Duden, Das Fremdwörterbuch (neu), sagt uns:
Ap/pell der; s,-e (lat.-frz.)
Aufruf, Mahnruf (zu einem bestimmten Verhalten)
(milit.) Aufstellung, Antreten (zur Befehlsausgabe u. a.)
Gehorsam des (Jagd-)Hundes ...

In meinem mittlerweile in zehn Auflagen erschienenen Buch «Provokative Rhetorik? Schlagfertigkeit!» hatte ich bereits über Appelle berichtet. Die dort getroffenen Aussagen sind weiterhin gültig. Deshalb werden sie hier noch einmal vorgestellt.

Die neue Dimension des Appells

Jedes Gespräch hat einen Zweck, der über den reinen Selbstzweck hinausreicht.

Jemand möchte, dass sein Gegenüber sein Denken in Handeln überleitet, also sendet er ihm einen Handlungsappell («Du solltest endlich dieses oder jenes tun!»). Der Verkäufer, der den Interessenten umgarnt, leitet appellativ zur Abschlussfrage über: «Dann gibt es also keinen Grund mehr, der dagegen spricht, dieses Modell in Ihre Sammlung einzureihen, oder?» – Handlungsappelle, Denkappelle, Kaufreize, Aufforderungen zum Tun oder Unterlassen.

Das Kaleidoskop der Appelle ist so bunt wie die Gesprächskontexte selbst. Mal wird direkt appelliert, mal verdeckt, gleichsam verklausuliert.

Doch auch hier ist eine neue Dimension der Appellation eingetreten, die uns in vielen Lebensbereichen immer wieder begegnet, primär auch in der beruflichen, professionellen Kommunikation. Häufig fehlt uns in Appellen der Mut zur Konfrontation, wir sprechen nur noch sanft, indirekt, schön verpackt mit Worthülsen aus, was wir vom Gegenüber wollen.

«Sag, was du willst, und du bekommst es!» – Leider funktioniert dieser Grundsatz kaum, da wir uns in unseren Forderungen und Wünschen nicht festzulegen wagen.

Klare Appelle positionieren uns überdeutlich, sie lassen kaum einen schemenhaften Graubereich der Kommunikation offen, den wir uns ja so sehnlich wünschen. Die Grauschattierung zwischen dem, was wird, und dem, welches gehört wird, zwischen Hören und Verstehen, Verstehen und Einverstandensein.

Doch wie sehen denn diese Appelle im Einzelnen aus?

Nun, insgesamt bietet sich ein buntes Kaleidoskop an Möglichkeiten, die wir tagtäglich um uns herum beobachten können:

Die Schwarzweißmentalität im Appell

Viele Appelle bieten der menschlichen Psyche als kognitiven wie emotionalen Ansatz die «Schwarz»- oder «Weiß»-Entscheidung als Strukturelement. Ein solcher Appell teilt unsere Umwelt, das Handeln oder Denken in gut/böse, feindlich/freundlich, moralisch/unmoralisch oder ähnliche Kategorien ein. Ähnlich wie in einer römischen Arena bei Gladiatorenkämpfen braucht derjenige, an den der Appell gerichtet wird, nur den Kopf zu schütteln oder mit demselben zu nicken, den Daumen zu heben oder zu senken. Die Urteilsbildung ist simplifiziert. Deutlich für die westliche Welt, für uns wurde diese Denkweise, als der Irak am 2. August 1990 Kuwait okkupierte. Seinen Appell, die freie Welt – und hier im Speziellen Kuwait – zu verteidigen, ließ der damalige amerikanische Präsident George Bush in den Worten münden: «Feinde meiner Feinde sind meine Freunde!» Dieses plattitüdenhafte Schwarzweißdenken, das einfache Freund-Feind-Schema, nutzte der Verteidiger der freien Welt, den Irak, personifiziert in der Gestalt des Saddam Hussein, zum Feindintrojekt zu stempeln, was sich danach in vielen Karikaturen der «freien» Presse widerspiegelte.

Ziel eines solchen Appells kann damit jeder werden, der die Eigenerfahrung mit einer Gegenerfahrung konfrontiert, die eigene Überzeugung zu destabilisieren droht oder ein anderes Handeln bzw. Denken vorlebt. Ein anderes Beispiel extrapolierte Erich Böhme in seiner Sat-1-Talkrunde «Talk im Turm», wo sich einige geladene Studiogäste schließlich in den Raster des «Sei pazifistisch oder du bist ein potenzieller Mörder» mit Bezug auf die Kampfeinsätze der Uno-Soldaten (wer sprach hier von «Friedensmission»?) verloren. Appellativ mutierten die Gegneridentifikationen zu Feindbildern.

Helfersyndrom im Appell

Institutionen, Organisationen und vielfach auch Unternehmen geben ihre Appelle auf dem Hintergrund des Helfersyndroms ab. So lautete beispielsweise das Motto der deutschen Entwicklungshilfe, oft geschmäht und oft zitiert, den hilfsbedürftigen Ländern «Hilfe zur Selbsthilfe (zu) geben»! Wir sind die geborenen Helfer – in einer Welt voller Hilfsbedürftiger. Doch ob dahinter immer nur der Aspekt der Alterozentrierung, also der Fokus auf den anderen, steckt, mag zweifelhaft sein. Oft gefällt diese Form des Appells, da sie das eigene Ego stärkt. Denn wer fühlt sich nicht gerne als Helfer, als patenter, moderner Samariter, als Kreuzritter gegen die Defizite der anderen?

Die Sündenbocktheorie im Appell

Beispiele dazu lassen sich in allen Wahlkämpfen finden, da die Wahlaufrufe, diese oder jene Partei zu wählen, häufig mit der Sündenbocktheorie abgestützt werden. So war die SPD 1992 in der Rolle des Sündenbocks, weil sie angeblich die «Überfremdung» Deutschlands (ein Unwort!) verursachte, 1994 zeigte der Wahlkampf, dass die Arbeitslosigkeit der Massen schon prinzipiell in den Programmen der bürgerlichen Parteien angelegt war, doch andererseits war jeder Wähler, der nicht «die Bürgerlichen» mit seiner Stimme unterstützte, schon ein Neokommunist oder Neonationalsozialist – zumindest potenziell. Und wer die Grünen wählte, war – bei der wirtschaftlichen, von Rezession bedrohten Lage – zumindest realitätsfremd. Doch schlimmer noch trafen die Appelle an die Nichtwähler, deren Passivität dem Extremismus Vorschub leistete. Zugegeben, dieses Bild ist konterkariert, ist bittere Ironie. Doch sah die Welt vor dem 16. Oktober 1994 (Helmut Kohl zu Rudolf. Scharping: «Und ich sage Ihnen: Der 16. Oktober kommt bestimmt!») freundlicher aus?

Mutatis mutandis – die Sündenböcke unserer Appelle sind austauschbar. Ist das gedankliche Umfeld, die abgebildete Situation oder das Zeichen der Zeit, der Kairos, günstig, so bildet der Ansatz neben dem Schuldigen oft nicht das Opfer, sondern den Helden heraus, der es wagt, dem Bösen, dem Dämon den Kampf anzusagen.

Unsere Anerkennung gilt ihnen jedenfalls, den modernen Drachentötern, deren «Hier stehe ich, ich kann nicht anders» uns wie ein heimeliges Pathos erscheint.

Das «Siegergefühl» im Appell

Bei den Wahlen hat man festgestellt, dass noch nicht entschlossene Wähler sich letztlich extrem stark durch Umfrageergebnisse beeinflussen lassen. Die Partei, die laut der Umfrage in Führung liegt, bekommt bei dieser Wählergruppe dann einen «Siegerbonus» und wird mit höherer Wahrscheinlichkeit gewählt als beispielsweise die zurückliegenden Parteien. Ein ähnlich starker Trend lässt sich auch in Appellen heraushören, auf die die jeweilige Zielgruppen dann anspringen.

Hier appelliert der Sprecher also an sein Auditorium und versucht, in ihm das «Siegergefühl» emotional zu wecken und zugleich mit einer Handlungsdirektive oder Denkvorgabe zu koppeln.

Die Be- oder Entlastung von Schuldkomplexen

Bewusst oder unbewusst stellen wir uns die Frage, was wir eigentlich in bestimmten Lebensabschnitten, Zyklen oder in einfachen existenziellen Grundpositionen erreichen wollen. Appelle, die sich an Schuldkomplexe richten, ent- oder belasten unser (wie auch immer zu definierendes, wohl aber funktionierendes) Gewissen, indem sie zur Pflichterfüllung aufrufen oder Pflichtverletzung entschuldigen. So fokussierten Appelle, die den

Boykott norwegischer Exporte proklamierten, unser Schuldgewissen auf die norwegische Walfangflotte.

Doch auch hier schützt uns dieses Gewissen: Beispielsweise dort, wo Asylbewerber uns in einem grundlegenden Appell vorhalten, dass die westlichen Demokratien ihren Auftrag verfehlen – doch diese Appelle lassen wir nicht zu.

Die Liste der tagtäglichen Appelle ließe sich selbstverständlich noch endlos fortsetzen, denn wenn wir die Sieger der Wirtschaft oder der Politik hören, so stellen sich beispielsweise ein:

- ökonomisch orientierte Appelle,
- ökologische Botschaften,
- egozentrierte Appelle,
- androkratische wie emanzipatorische Botschaften,
- Appelle an Wertgefühle,
- Buhlereien um Anerkennung und so weiter, und so weiter.

Der Appell als konkrete Handlungsanweisung

Appelle sind stärker als Fragetechnik, weisen sie das Gegenüber doch direkt an, etwas zu tun. Sie fragen keine Entscheidung an, sondern geben eine Entscheidung bereits vor. Unterscheiden Sie bitte einmal beide Gesprächsmuster:

Beispiel eins: «Herr Müller, könnten Sie bitte einmal das Fenster öffnen?» – Obwohl die Frage unsauber ist, da sie sich auf das «Können» konzentriert, wird Herr Müller mit hoher Wahrscheinlichkeit aufspringen und dem Wunsch nachkommen. Er ist jetzt höflich.

«Herr Müller, öffnen Sie bitte einmal das Fenster?», müsste die richtige Formulierung lauten.

Beispiel zwei: «Herr Müller, bitte öffnen Sie das Fenster hinter Ihnen!» – Er wird es auch tun.

Aber:

- Eine Frage gibt die Entscheidung an den Gesprächspartner ab, ein Appell setzt die bereits getroffene Entscheidung voraus, stellt diese nicht zur Disposition!
- Appelle sind klare Gesprächs- oder Handlungsanweisungen, die eine direkte Ansprache erfordern!

Vielleicht werden Sie jetzt einwenden: Klingt der Appell denn nicht viel unhöflicher?

Nein, denn erstens macht der Ton die Musik, und zweitens fällt es den meisten Gesprächspartnern gar nicht auf, sie reagieren, reflektieren aber nicht, dass sie gerade einem Appell auf den Leim gegangen sind.

In vielen Seminaren habe ich, seit ich in einem Journalistenseminar beim Axel-Springer-Verlag die Fragetechnik einmal durch Appelle ersetzt habe, meine Teilnehmer «getestet».

In einem normal kontrollierten Gespräch fällt es vielen gar nicht auf, in bewusst reflektierten Gesprächen springen 80 Prozent der angesprochenen Teilnehmer direkt an, während alle herumsitzenden Teilnehmer leicht grinsen.

Wie auch Fragen sind Appelle ebenfalls ein herrliches Instrument, Kommunikation facettenreich zu gestalten, denn sie können das ganze Spektrum der verbalen Ausdrucksformen beeinflussen, wie es bereits bei den Fragen geschildert wurde. Sie folgen genau den gleichen Grundmustern, wie Sie sie auf den Seiten 146ff. vorfanden. Grundsätzlich können Sie sich deshalb bei der Behandlung der Appelle an den Arbeitskatalog für die Fragen halten, sprich: der Arbeitstext ab Seite 161ff. gibt die Grundlage für die Appelle ab. Stellen Sie jedes Fragemuster als Appell, und folgen Sie den Übungsanweisungen.

Doch in einem unterscheiden sich Appelle grundsätzlich von den Fragen: Sie stellen keine Entscheidungsfindung dar, sondern setzen diese als gegeben voraus!

Ersetzen Sie in einer normalen Gesprächssituation alle Fragen durch Appelle – Sie werden drei Dinge feststellen:

- Sie können es nur unter Schwierigkeiten, seit Kindesbeinen sind unsere Muster anders ausgeprägt, schließlich werden wir von Appellen auf Fragen «umerzogen».
- Ihre Gesprächsführung ist direkter.
- Ihre Gesprächspartner verhalten sich auch nicht anders.

Und denken Sie daran: Die Dosis entscheidet über Gift oder Heilmittel.

Nur «Appelle auszurichten», ist genauso blödsinnig wie nur «Fragen stellen»!

Hier noch einmal einige Unterscheidungsbeispiele für Formulierungen

in Frageform	*und als Appell*
Welche Meinung vertreten Sie?	Sagen Sie uns Ihre Meinung dazu!
Was denken Sie?	Bitte schildern Sie Ihre Gedanken!
Können Sie etwas dazu sagen?	Bitte teilen Sie uns Ihre Einschätzung mit!
Geben Sie uns eine Stellungnahme?	Beziehen Sie bitte Stellung dazu!
Und wie gehts weiter?	Bitte spinnen Sie den Faden weiter!
Übernehmen Sie die Moderation?	Bitte moderieren Sie!
Können Sie das ausführen?	Führen Sie bitte den Ansatz zu Ende!

Einige beispielhafte Gesprächsappelle = klare Anweisungen und direkte Ansprache

- «Erläutern Sie uns bitte …»
- «Beweisen Sie es!»

- «Erklären Sie mir doch ...»
- «Schildere bitte einmal ...»
- «Herr Müller, übernehmen Sie notwendigerweise die Moderation der Veranstaltung ...»
- «Eröffne bitte die Gesprächsrunde ...»
- «Belegen Sie es!»
- «Sagen Sie es!»
- «Beschreiben Sie uns einmal ...»

Einige beispielhafte Handlungsappelle = klare Aufforderung zur Handlung und direkte Ansprache

- «Akzeptieren wir es doch.»
- «Tue es!»
- «Schreiben Sie bitte mit.»
- «Vertraue mir!»
- «Küss mich!»
- «Denk darüber nach.»
- «Überlege genau, was du tust.»
- «Setzen Sie einen Gesprächsrahmen.»

Nochmals:

Interessant sind die Gesprächs- und Handlungsappelle, als Ersatz für die Fragetechnik dienen aber primär Gesprächsappelle, also Appelle, die sich auf eine Gesprächsweitergabe oder -aufnahme beziehen.

Bitte beachten Sie parallel zur Fragetechnik folgende Regeln:

Jedes Gespräch verfolgt einen Zweck, der über den reinen Zweck, soziale Geräusche zu machen, hinausgeht. Dieser wird im Appell thematisiert.

Appell richtig auszurichten, ist eine Kunstfertigkeit, die wie jede andere Kunstfertigkeit der Übung bedarf. Üben Sie deshalb.

Viel Spaß!

Literaturverzeichnis

Die nachfolgend angegebene Literatur stellt nur eine Auswahl der vorhandenen oder benutzten Literatur dar, die einige grundlegende oder besonders interessante Werke zur Orientierung nennt.

Für weitere interessante oder ausgefallene Literaturhinweise bin ich dankbar!

Aebli, H.: Zwölf Grundformen des Lernens. Stuttgart 1983.

Altmann, H. Ch.: Überzeugend reden, verhandeln, argumentieren. München 1992.

Ani, A.: Praxis der Projektplanung mit Netzplantechnik. Köln 1971.

Anton, K.-H.: Mit List und Tücke argumentieren. Wiesbaden 1995.

Apitz, K.: Konflikte – Krisen – Katastrophen. Präventivmaßnahmen gegen Imageverlust. Frankfurt am Main, Wiesbaden 1987.

Argyle, M.: Körpersprache und Kommunikation. 5. Aufl. Paderborn 1989.

Baddeley, A.: So denkt der Mensch. München 1986.

Balck, H.: Neuorientierung im Projektmanagement. Köln 1989.

Bambeck, J./Wolters, A.: Brainpower. München 1991.

Baumer, Th.: Handbuch Interkulturelle Kompetenz. Zürich 2002.

Becker, B.: Entscheidungen. Bremen 1991.

Bendixen, P./Kammler, H.: Planung, Organisation und Methodik innovativer Entwicklungsprozesse. Berlin 1977.

Berckhan, B.: Die etwas intelligentere Art, mit dummen Sprüchen umzugehen. München 1998.

Berne, Eric: Spiele der Erwachsenen. Reinbek 2002.

Bertelsmann Stiftung (Hrsg.): Politik überzeugend vermitteln. Wahlkampfstrategien in Deutschland und den USA. Gütersloh 1996.

Birkenbihl, V.: Psycho-logisch richtig verhandeln. 6. Aufl. München/Landsberg 1990.

Birkenbihl, V.: Erfolgstraining. 4. Aufl. München/Landsberg 1992.

Birkenbihl, V.: Stroh im Kopf? 21. Aufl. München/Landsberg 1995.

Blazek, A.: Projekt-Controlling. Starnberg 1991.

Böning, U.: Moderieren mit System. Wiesbaden 1991.

Bono, E. de: Taktiken und Strategien erfolgreicher Menschen. 2. Aufl. 1995.

Brandstätter, G. u. a.: Fehler im Projektmanagement. In: Zeitschrift für Führung und Organisation 57/1988.

Bredemeier, K.: Medienpower. Erfolgreiche Kontakte zu Presse, Funk und Fernsehen. Zürich/Wiesbaden 1991.
– als Taschenbuch redigiert, Düsseldorf 1993.

Bredemeier, K./Schlegel, H.: Die Kunst der Visualisierung. Zürich/Wiesbaden 1991.
– als Taschenbuch redigiert, Düsseldorf 1994.

Bredemeier, K. u. a.: Führungswissen punktuell. Wiesbaden 1992.

Bredemeier, K.: Gewissensverständnis. Baden-Baden 1992.

Bredemeier, K.: Fernsehtraining. Zürich/Wiesbaden 1993.

Bredemeier, K. u. a.: Führungspower. Wiesbaden 1993.

Bredemeier, K./Neumann, R.: Kreaktiv-PR. Zürich/Köln 1997.

Bredemeier, K.: Nie wieder sprachlos! Hörbuch 4 Cassetten, Rusch-Verlag. Konstanz 1999.

Bredemeier, K.: Der TV-Crashkurs. Zürich 2000.

Bredemeier, K.: Provokative Rhetorik? Schlagfertigkeit! 7. Aufl. Zürich/Köln 2001.

Bredemeier, K.: Nie wieder sprachlos! 4. Aufl. Zürich 2001.

Briggs, J./Peat, F. D.: Die Entdeckung des Chaos. München 1993.

Businessbestseller summaries Nr. 153. Karsten Bredemeier: Provokative Rhetorik? Nie wieder sprachlos! F.A.Z.-Institut.

Buzan, Tony: Nichts vergessen! Kopftraining für ein Supergedächtnis. München 1986.

Capra, F.: Wendezeit. Bausteine für ein neues Weltbild. Bern 1983.

Casdorff, H.: Medienpraxis für Manager. Düsseldorf 1991.

Comenius, J.: Orbis sensualium pictus. Dortmund 1979.

Cornelsen, C.: Lila Kühe leben länger. Frankfurt/Wien 2001.

Correll, W.: Motivation und Überzeugung in Führung und Verkauf. Landsberg 1983.

Crainer, St.: Die Jack Welch Methode. 3. Aufl. Wien/Frankfurt 2002.

Delp, L.: Das gesamte Recht der Publizistik. Neuwied o. J.

Doppler/Lauterburg: Changemanagement. Frankfurt 1994.

Döring, K.: Lehren in der Weiterbildung. Weinheim 1988.

Drucker, P. F.: Die postkapitalistische Gesellschaft. Düsseldorf 1993.

Drucker, P. F.: Schlüsseljahre. Stationen meines Lebens. Frankfurt 2002.

Duden. – Das Fremdwörterbuch – Neu, 7. Aufl. Mannheim/Leipzig/Wien/Zürich.

Duden. – Die deutsche Rechtschreibung, 22. Aufl. Mannheim/Wien/Zürich.

Duden. – Die Grammatik, 6. Aufl. Mannheim/Leipzig/Wien/Zürich.

Ebeling, P.: Rhetorik. Stuttgart 1986.

Edmüller, A./Wilhelm, T.: Manipulationstechniken. Planegg 1999.

Eibl-Eibesfeldt, I.: Grundriss der vergleichenden Verhaltensforschung. Zürich 1978.

Eibl-Eibesfeldt, I.: Kalkulierte Reue. Interview in: Focus, 15. 5. 2001, S. 100f.

Ekman, P./Friesen, W. V.: Unmasking the Face. Englewood Cliffs, NJ.: Prentice Hall 1975.

Eppler, E.: Kavalleriepferde beim Hornsignal. Die Krise der Politik im Spiegel der Sprache. Frankfurt am Main 1992.

Erny, Hansjörg: Fit für die Medien. Zürich 1999.

Farrelly, F.: Provokative Therapie. Berlin 1986.

Ferguson, M.: Public Communication – The New Imperatives. London 1993.

Field, S./Märthesheimer, P./Längsfeld, W.: Drehbuchschreiben für Fernsehen und Film, 2. Aufl. München1990.

Fowles, J.: Why Viewers Watch. London 1992.

Frese, E.: Einführung in das Projektmanagement. München 1980.

Frey, S.: Die Macht des Bildes. Bern 1999.

Fricke, G.: Recht für Journalisten. München 1995.

Geretschläger, K.: Medientechnik I. München 1983.

Geissner, H. K.: Der Fünfsatz. Ein Kapitel Redetheorie und Redepädagogik, in: Wirkendes Wort 4/1968, S. 258ff.

Geissner, H. K.: Sprecherziehung. Didaktik der mündlichen Kommunikation. 2. Aufl. Königstein 1982.

Geissner, H. K.:, Rhetorik und politische Bildung. 3. erw. Aufl. Königstein 1986.

Geissner, H. K.: Fünfsatz, in: Historisches Wörterbuch der Rhetorik, Bd. 3. Tübingen 1996, S. 484–487.

Gerken, G.: Geist. Düsseldorf 1992.

Gesellschaft für Projektmanagement/RKW: Projektmanagement, Bd. 1+2, Eschborn 1991.

Geyer, P./Hagenbüchle, R. (Hrsg.): Das Paradox. Tübingen 1992.

Geyer, P.: Das Paradox, in: Geyer/Hagenbüchle: Das Paradox, Tübingen 1992, S. 11ff.

Goffman, E.: Wir alle spielen Theater. Die Selbstdarstellung im Alltag. München 1988.

Goleman, D.: Emotionale Intelligenz, TB. München 1995.

Goossens, F.: Erfolgreiche Konferenzen und Verhandlungen. Landsberg 1987.

Gordon, Th.: Familienkonferenz. Hamburg 1972.

Gordon, Th.: Managerkonferenz. Reinbek 1982.

Graichen, W.: Das ABC der Arbeitsfreude. Speyer 1988.

Guirdham, M.: Interpersonal Skills at Work. London 1995.

Hagenbüchle, R.: Was heißt paradox?, in: Geyer/Hagenbüchle, Das Paradox, Tübingen 1992, S. 27ff.

Halbfas, H.: Das dritte Auge. 4. Aufl., München 1989.

Haller, M.: Das Interview. München 1991.

Haller, M.: Recherchieren. 4. Aufl. München 1991.

Hammer, M./Champy, J.: Business Reengineering. 2. Aufl. Frankfurt/New York 1994.

Harpprecht, K.: Medien-Faschismus?, in: manager magazin 7/94.

Harris, Th.: Ich bin o. k. – Du bist o. k. Hamburg 1973.

Heintel, P. u. a.: Projektmanagement – Eine Antwort auf die Hierarchiekrise? Wiesbaden 1988.

Heller, E.: Wie Farben wirken. Reinbek 1989.

Heyman, R.: Warum haben Sie das nicht gleich gesagt? Zürich 1998.

Hierhold, E.: Sicher präsentieren, wirksamer vortragen. 4., überarb. Aufl. Frankfurt am Main 1998.

Hildebrandt, D.: Vater unser – gleich nach der Werbung. München 2001.

Hodgson, J.: Das souveräne Verhandlungsgespräch. Niedernhausen 1998.

Huber, W.: Sprachfallen und Denkunfälle, in: Geyer/Hagenbüchle, Das Paradox, Tübingen 1992, S. 131 ff.

Jahncke, R.: Sprechtechnik und Redekunst. München 1988.

Jonas, H.: Das Prinzip Verantwortung. Frankfurt am Main 1979.

Kellner, H.: Die Kunst, DV-Projekte zum Erfolg zu führen. München/Wien 1994.

Kellner, H.: Konferenzen, Sitzungen, Workshops effizient gestalten. München/Wien 1995.

Keplinger, W.: Merkmale erfolgreichen Projektmanagements. Graz 1991.

Kirschner, J.: Manipulieren – aber richtig. München 1976.

Kiyoshi, S.: Die ungenutzten Potentiale. München 1994.

Klimke, R./Schott, B.: Die Kunst der Krisen-PR. Paderborn 1993.

Köster, S. A.: Mit NLP zum Erfolg. Offenbach 1995.

Krämer, W.: So lügt man mit Statistik. 4. Aufl. Frankfurt am Main 1992.

Kreuzer, H./ Prümm, K.: Fernsehsendungen und ihre Formen. Stuttgart 1979.

Krüger, W.: Projektmanagement in der Krise. Frankfurt am Main 1986.

Lay, R.: Dialektik für Manager. Frankfurt am Main 1979.

Lay, R.: Führen durch das Wort. Frankfurt am Main 1987.

Lay, R.: Wie man sich Feinde schafft. Düsseldorf 1994.

Lazarus, A.: Fallstricke des Lebens. Stuttgart 1999.

Lec, St. J.: Sämtliche unfrisierte Gedanken. 2. Aufl. München 2002.

Leuninger, H.: Reden ist Silber, Schweigen ist Gold. Zürich 1993.

Leuninger, H.: Danke und Tschüs fürs Mitnehmen. Zürich 1996.

Liebenau, F. v./Schönberger, M. (Hrsg.): Das Grosse Buch der Anekdoten von A–Z, München 1991.

Lyle, J.: Body Language, London 1990.

Maddaus, B. J.: Handbuch Projektmanagement. 3. Aufl. 1990.

Malik, F. Systemisches Management, Evolution, Selbstorganisation. Stuttgart/Bern 1993.

Marten, R./Schreiber, G.: Überzeugend reden vor Publikum. München 2000.

Martini, C. M./Eco, U.: Woran glaubt, wer nicht glaubt? 2. Aufl. München 2000.

Maywald, F.: Der Narr und das Management. 2. Aufl. München 2001.

Maywald, F.: Struwelpeter für Manager. München 2002.

Mees, J. u. a.: Projektmanagement in neuen Dimensionen. 2. Aufl. Wiesbaden 1995.

Merten/Teipen: Empirische Kommunikationsforschung. München 1991.

Modellversuch Journalisten-Weiterbildung (Hrsg): Fernstudium Kommunikationswissenschaft. Teil 1, 2. Aufl. München 1989. Teil 2, 2. Aufl. München 1989.

Moores, S.: Interpreting Audiences. London 1993.

Morfill, G./Scheingaber, H.: Chaos ist überall … und es funktioniert. Frankfurt am Main 1991.

Müller, H.: Gesprächstraining. Dialektik für Manager. Zürich 1997.

Nadolny, S.: Ein Gott der Frechheit. München 1997.

Nadolny, S.: Er oder ich. München 1999.

Neumann, R.: Projektmanagement von A–Z, Frankfurt/New York 1996.

Neumann, R.: Projektmanagement. Booklet des Personal Potential. Stuttgart 1995.

Neumann, R.: Target Talking. Das erfolgreiche Mitarbeitergespräch. Rio Economy 1997.

Oetinger, B. v.: Das Boston Consulting Strategie Buch. Düsseldorf 1995.

Ötsch, W.: Haider light. Handbuch für Demagogie. Wien 2000.

Patterson, T. E.: Out of Order. New York 1994.

Peter, B./Geri, W.: Entspannung. München 1991.

Pinker, S.: Der Sprachinstinkt, München 1998.

Pipes, D.: Verschwörung. Faszination und Macht des Geheimen. München 1998.

Popper, R./Ludwig, J.-C.: Bosse nach Wahl. Berlin 1997.

Postman, N.: Wir amüsieren uns zu Tode, Frankfurt am Main 1988.

Projektteam Lokaljournalisten: Journalismus und kommunale Öffentlichkeitsarbeit. München 1979.

Projektteam Lokaljournalisten: ABC des Journalismus. 6. Aufl. München 1990.

Pürer (Hrsg.): Praktischer Journalismus in Zeitung, Radio und Fernsehen. München 1991.

Pursch, Günter: Das große Parlamentarische Schimpfwörterbuch. 2. Aufl. München 1989.

Recardo, R. J. u. a.: Teams. Houston 1996.

Richardson, J.: Erfolgreich kommunizieren. München 1992.

Ruede-Wissmann, W.: Auf alle Fälle Recht behalten. München 1989.

Ruede-Wissmann, W.: Super Selling. München 1989.

Ruhleder, R. H.: Rhetorik-Dialektik-Kinesik. 7. Aufl. Harzburg 1984.

Ruhleder, R. H: Ruhleders Sprüche und Zitate. Würzburg 1994.

Scannell, P.: Broadcast Talk. London 1991.

Schaller, B.: Die Macht der Sprache. München 1998.

Scheler, U.: Gekonnt präsentieren. Offenbach 1996.

Schopenhauer, A.: Eristische Dialektik. Zürich 1983.

Schneider, S.: Sag die Wahrheit, in: Cosmopolitan 5/99, S. 151ff.

Schneider, W.: Lingua Blablativa, in: Spiegel Spezial 1/95.

Schneider, W.: Wörter machen Leute. 7. Aufl. München/Zürich 1994.

Schult, G./Buchholz, A.: Fernsehjournalismus. Ein Handbuch für Ausbildung und Praxis. 3. Aufl. München 1990.

Seifert, J. W.: Meetings moderieren. Offenbach 1999.

Shell AG: Die Ereignisse um Brent Spar in Deutschland, Broschüre. Hamburg 1996.

Sickel, C.: Mein Leben heisst Umsatz. Zürich 1998.

Siebert, H.: Der Kobra-Effekt. Wie man Irrwege der Wirtschaftspolitik vermeidet. 3. Aufl. München 2001.

Spiegel Spezial: Die Journalisten – Ärgernis Presse. Hamburg 1/95.

Steinbrecher, M./Weiske, M.: Die Talkshow. München 1992.

Tange, E. G.: Der boshafte Zitatenschatz. Frankfurt o. J.

Thomson, A.: Argumentieren – und wie man es gleich richtig macht. Stuttgart 2001.

Urban, D.: Chancen für Querdenker. Zürich 1996.

Vasata, V.: Radical Brand. Überleben in der Sintflut. Düsseldorf 2000.

Vester, F.: Denken, Lernen, Vergessen. München 1978.

Vollmer, Gerhard: Paradoxien und Antinomien, in: Geyer, P./Hagenbüchle, R. (Hrsg.), Das Paradox, Tübingen 1992, S. 152ff.

Walther, G.: Sag, was du meinst, und du bekommst, was du willst. 18. Aufl. Düsseldorf 2001.

Watzlawick, P.: Die erfundene Wirklichkeit. München 1981.

Watzlawick, P. u. a.: Menschliche Kommunikation. München/Bern 1982.

Watzlawick, P.: Die Möglichkeit des Andersseins. 2. Aufl. München 1982.

Watzlawick, P.: Vom Schlechten des Guten oder Hekates Lösungen. München 1991.

Watzlawick, P.: Wie wirklich ist die Wirklichkeit? 19. Aufl. München 1991.

Weissman, A. Marketing-Strategie, 10 Stufen zum Erfolg, 4. Aufl. Landsberg/Lech 1994.

Weissman, A. u. a.: Sinnergie. Zürich 1997.

Wiedemann, P.: Krisenkommunikation. IZE Frankfurt am Main o. A.

Wittchen, H.-U. u. a.: Ich vermisse nichts. München 2000.

Wittgenstein, L.: Tractatus logico-philosophicus. Frankfurt am Main 1999.

Wrede-Grischkat, R.: Manieren und Karriere. Verhaltensnormen für Führungskräfte. Wiesbaden 1990.

Wunderlich, D.: Arbeitsbuch Semantik. 2. Aufl. Frankfurt 1991.

Zelesnay, G.: Wie aus Zahlen Bilder werden. Wiesbaden 1985.

Zink, F.: Wendezeit für Manager. Wege zu einer neuen Unternehmenskultur. Frankfurt am Main 1994.

Ferner sind Artikel in Zeitschriften und Zeitungen ausgewertet, die nur in besonderen Fällen als Anmerkung im Text genannt wurden.

Der Autor

Dr. Karsten Bredemeier arbeitet als Topmanagementberater und -Trainer im deutschsprachigen Europa, nachdem er als Geschäftsführender Gesellschafter einer großen deutschen Unternehmensberatungsgruppe tätig war. Der studierte Theologe finanzierte seine Promotion als Journalist in Bonn und gestaltete aus der Synthese von Medienwissen und Kommunikationstechniken einen besonderen Ansatz im Fernsehtraining, wo er heute als der führende deutschsprachige Trainer gilt. «Dr. Dialektik», wie ihn Teilnehmer nennen, begleitet Unternehmen in Deutschland, Österreich und der Schweiz wie beispielsweise Allianz, Deutsche Bank, Novartis, Pharma, BP, Axel-Springer-Verlag, Deutsche Telekom, Ruhrgas, Gruner + Jahr, Haniel, Wal Mart, SAP, Sun Microsystems in Kommunikationsfragen. Er ist Gesellschafter der Clever-Tanken.de GmbH und von Startrack Film- und Fernsehproduktionsgesellschaft GmbH. Zudem ist er Mitbegründer der «Bredemeier Seidler Bornheim Group GmbH», Strategieberatung.

Kontakt

Mail: dr-bredemeier@t-online.de
www.dr-bredemeier.de
Fax./Tel. 0049 (0) 2247 300 300
Hotline: 0049 (0) 172 240 44 44
Dr. Karsten Bredemeier, Im Wolfgarten 4, D-53819 Neunkirchen